· 现代供应链管理与创新丛书 ·

袁建东 ◎ 著

U0107373

华为供应链管理实践

人民邮电出版社

北 京

图书在版编目（CIP）数据

华为供应链管理实践 / 袁建东著. -- 北京：人民
邮电出版社，2023.8（2023.9重印）
（现代供应链管理与创新丛书）
ISBN 978-7-115-61036-2

Ⅰ．①华… Ⅱ．①袁… Ⅲ．①通信企业－企业管理－
供应链管理－经验－深圳 Ⅳ．①F632.765.3

中国国家版本馆CIP数据核字(2023)第013802号

◆ 著　　　　袁建东
　　责任编辑　马　霞
　　责任印制　周昇亮

◆ 人民邮电出版社出版发行　　北京市丰台区成寿寺路 11 号
　　邮编　100164　电子邮件　315@ptpress.com.cn
　　网址　https://www.ptpress.com.cn
　　涿州市般润文化传播有限公司印刷

◆ 开本：700×1000　1/16
　　印张：17.25　　　　　　　　2023 年 8 月第 1 版
　　字数：261 千字　　　　　　2023 年 9 月河北第 3 次印刷

定价：89.80 元

读者服务热线：(010)81055296　印装质量热线：(010)81055316
反盗版热线：(010)81055315
广告经营许可证：京东市监广登字 20170147 号

现代供应链管理与创新丛书

编 委 会

丛书主编: **丁俊发**

中国知名流通经济学家

资深物流与供应链专家

原国家内贸部党组成员、总经济师

丛书副主编: **吴清一**

中国知名物流专家

人工智能物流产业联盟首席顾问

戴定一

中国物流与采购联合会专家委员会主任

中国物流学会专家委员会主任

何明珂

北京物资学院副院长、教授、博导

教育部高等学校物流管理与工程类专业教学指导委员会

副主任委员

序

当今世界百年未有之大变局加速演进，作为高科技领域中国最优秀、最伟大、最受国人尊敬的本土跨国公司代表之一的华为公司，处于大变局前沿阵地，其惊心动魄的经历引起世人关注。华为公司创始人任正非先生一方面笑谈制裁，另一方面高度重视供应链，指出"供应链只有一个，关系着公司的生命，一旦出问题，就是满盘皆输"，并领导公司从容应对、愈挫愈奋，华为以杀身成仁的勇气迅速重构了其全球供应链，支撑了华为伟业的可持续发展，生动地诠释了中国本土跨国公司全球供应链实践的悲壮与韧性。世界一流的华为公司，其全球供应链管理也是世界一流的！华为全球供应链是如何运作的？华为供应链是如何成为世界一流供应链的？华为供应链管理有哪些经验和秘密？遭受"卡脖子"后华为全球供应链是如何应对的？外界迫切想要了解华为供应链内幕，袁建东先生的著作《华为供应链管理实践》为大家揭开了华为供应链的神秘面纱。

本书从识供、懂供、能供、重供、供创5个维度深入剖析了华为供应链管理实践，系统描述了华为供应链的全球布局与发展历程，总结归纳了华为在全球供应链管理实践中形成的先进理念、科学方法和最佳实践，分析了华为全球供应链实力特征，诠释了华为全球供应链成功的原因，从物流、制造、质量3个侧面揭示了全球供应链标杆华为的实践，对华为全球供应链的悲壮经历进行了生动描述，对华为供应链创新、变革与技术进步进行了分析与展望。

本书以大量真实案例、一手数据及作者的亲身经历，内窥式地向外界展示了华为全球供应链的秘密，全景式地向读者描绘了华为全球供应链的杰出特征。华为全球供应链不仅高度国际化和高效化，而且极具灵活性、适应性和韧性，其在供应链核心能力建设、订单管理、计划管理、合规管理等方面遇到的挑战、得到的教训、形成的经验对我国本土跨国公司及本土企业全球供应链管理都具有重要启示。

本书的作者袁建东先生是一位非常有才华的出色供应链管理专家和重要领域管理者。他从基层工程师做起，从事过供应链多个领域的管理者，伴随华为成长，尤其是见证和参与过手机业务的高速崛起，也亲身经历了华为全球供应链至暗时刻。多年在华为供应链领域管理者的经历，使得他对华为供应链管理有着深刻的见解，本书也是他多年在华为供应链管理实践和研究上的结晶。袁建东先生精湛的管理智慧和严谨的学术态度，让本书充满了理论深度和实践价值。我非常愿意将本书推荐给广大读者。

本书的读者范围非常广泛。无论是从事供应链管理的专业人士，还是希望学习企业管理实践的人士，都能从本书中获得很大的收益。本书不仅介绍了华为在供应链管理方面的成功实践，更是深入探讨了背后的管理理念和思想。对于供应链管理专业人士来说，本书能够为他们提供更深入的华为供应链实践经验；对于企业管理人员来说，本书能够帮助他们更好地理解和应用华为供应链管理的核心理念和方法，提升企业的竞争力；对于学术界的研究人员来说，本书则提供了丰富的华为供应链最佳实践案例和数据，为他们的研究提供有力的支持；对于在校学生来说，本书就是一本剖析华为全球供应链案例的教科书；对于所有读者而言，本书是他们了解世界一流跨国公司华为公司的世界一流供应链最佳实践的窗口，因为，本书毕竟是华为原终端制造计调部部长分析华为供应链的难得成果。值得强调的是，对于与华为有同样的遭遇的中国本土跨国企业或正在进行全球供应链布局的本土企业，本书介绍的华为全球供应链应对经验更值得借鉴。

何明珂

北京工商大学电商与物流学院教授

教育部高等学校物流管理与工程类专业教学指导委员会副主任委员

2023 年 4 月 16 日

推荐语

每一个伟大企业的成功，背后都有不可模仿的核心竞争优势。华为的供应链管理，就是华为不可模仿的竞争优势之一。袁建东这部力作，从供应链基本原理出发，以华为供应链管理的深度参与者的丰富实践，总结提炼华为供应链核心竞争力构建的主要流程与核心要素，从物流、制造、质量3个方面揭示了华为成为供应链标杆的秘诀，对华为供应链创新、无止境变革做出了评价与展望。学标杆企业，学企业供应链标杆，本书值得推荐。

王国文

中国（深圳）综合开发研究院物流与供应链管理研究所所长

初看书稿我就一口气读完，顿感酣畅淋漓，大呼过瘾！一本好的企业供应链管理书籍，就应该像此书一样有体系、有故事、有实践。书中不仅完整地呈现了华为供应链管理体系，而且穿插的小故事让全文具有很强的可读性，还通过全面深入剖析问题给读者带来更好的实践指导价值。感谢袁建东老师，带给业界一本供应链管理经典之作！

潘永刚

罗戈研究院长

本书详细论述了华为供应链发展的前世今生，跨越30多年。从中我们既可以看到经典理论的应用，比如精益供应链、集成供应链，又能学习华为的创新之处，比如数字化、智能制造等。袁建东既是华为供应链体系的参与者，又是深度思考者，因此写得精彩！

希疆

希疆新零售研究院院长，原阿里研究院副院长及阿里供应链

研究中心负责人

《华为供应链管理实践》是华为原终端制造计调部部长袁建东的又一代表作，他在华为工作期间业绩优秀，善于总结。本书突出华为供应链核心能力及实战打法，简洁明了地对供需匹配各层次"供"的能力进行了阐述，强调在被"卡脖子"时供应链连续性非常重要，甚至可以"救命"，有经营意识、重视和借鉴供应链管理实践方法论、坚持变革无止境是做好供应链管理的基础，值得深入学习及推荐。

蒋世峰

华为原交付业务部部长

"向华为学习，向标杆学习"是过去 5 年中国企业界的共识，但到底如何向华为学习，具体向华为学习什么？作为供应链从业者，我们钦佩华为过去 5 年面对芯片断供、全球疫情及地缘冲突等诸多不确定性所表现出来的供应链韧性和内生动力，这种能力不是一蹴而就的，而是过去 30 多年向更多世界优秀标杆企业学习及"训战结合""实事求是"所锻造的。学习华为供应链最佳实践，寻找更多不确定性下的确定性，知行合一！

王斌

喜百年供应链集团副总裁，"爱物流"发起人

快速和可靠的交付是企业的核心竞争力，端到端的供应链能力是 VUCA 时代的制胜法宝，从袁建东对华为供应链长期发展历程的全方位复盘和深入洞察，我们可以学习到一个领袖企业助力自身可持续发展的供应链成长和发展之道。

顾建党

菲尼克斯（中国）投资有限公司总裁兼集团执委会委员

　　我一向十分钦佩建东兄这样"上马能打仗、下马能著书"的儒将，他是华为供应链变革的见证者、参与者和推动者之一。作为"专精特新"和"隐形冠军"企业的一名陪跑者，我要特别向中国的专精特新企业家推荐他的新著《华为供应链管理实践》，理由有二：中国的中小制造业企业家对供应链的理解很有限，如何赢在供应链？这本书可以提供一个清晰的框架和蓝图；专精特新企业本身就是大企业供应链的一部分，了解供应链才能融入供应链，成为供应链中的"金牌配角"。

方谊勇

制慧网 CEO

前言

华为供应链翻越"大山"的"梯子"是 IBM（International Business Machines，国际商业机器）公司等西方公司给予的。

20 多年前，华为向 IBM 拜师，通过虚心学习与苦练，终于建立起一套与全球体系全面接轨的供应链管理制度与流程。在 2008 年欢送 IBM 顾问的晚宴上，华为的一位管理者十分感慨地说："虽然对 IBM 而言，这只是一个商业咨询项目，但对华为而言，却意味着脱胎换骨。"

如今，当我们以历史的眼光再来看华为供应链的管理实践时会发现，华为供应链的优秀并不是没有道理的。

自华为被纳入"实体清单"后，部分原材料和配件处于"断供"状态。在这一环境下，不少人担心华为从此一蹶不振。然而，华为发布的声明却透露出华为并未因突如其来的危机感到惊慌，而是将准备多年的"备胎"一夜转正，向外界展示了打不垮、拖不烂的供应链实力。

"21 世纪的竞争不再是企业和企业之间的竞争，而是供应链和供应链之间的竞争。"供应链专家马丁·克里斯托弗早在 20 世纪 90 年代就已给出了高屋建瓴、洞悉未来的展望。

如今，这一展望已然变成现实。

在充满挑战的不确定性时代，不少国际巨头轰然倒下，究其根本，与供应链存在密不可分的关系。越是复杂且高度全球化的供应链（如电子、汽车行业的供应链），所受到的冲击就越明显。

在这一趋势下，谁能在"史上最严重的"全球供应链危机中胜出，谁就能掌握核心竞争力。

幸运的是，华为做到了。

华为实行订单履行管理，通过统筹和订单承诺，做到了"一诺千金"。One Plan体系的创新，拉通了各环节（生产计划、物料计划等）管理，形成了"由远及近"的计划体系，提升了计划的准确性、管理的一致性。在战略采购时代，华为与核心供应商共同打造新型战略合作关系，致力于开拓更多的竞争资源。在制造方面，华为提出"精益生产是基础，智能制造是方向，精密制造是高地"的口号，已然成为业界标杆。而智慧物流的加持，更是让整个华为供应链变得敏捷、迅速，提升了华为供应链的交付水平。

处于发展迅速、波动剧烈的通信行业，作为世界500强之一的华为是如何构建这条价值链，形成客户、企业、员工、供应链的"利益互赢共同体"的呢？

基于对该问题的思考，早前笔者撰写了《供应铁军》一书。在该书中，笔者从供应链的角度介绍了华为的变革、模式和方法。然而，因篇幅有限，不少"沧海遗珠"式的关键节点没有在该书中展现出来。

抱着这份遗憾，笔者决定再撰写一本书，用通俗易懂的文字、趣味十足的故事，将华为供应链管理实践之路完整地呈现在读者面前。

于是，便有了本书的诞生。

作为一名华为供应链管理经验的传播者，笔者希望本书更具普适性。因此，在语言风格上，本书更具有"趣味"，以期让不具备供应链领域知识的"小白"也能从中获得感悟。

同时，本书逻辑严谨，笔者根据自己多年以来的亲身经历，描述了华为供应链的过去、现在和未来，能给予读者不同角度的启迪。

相信在阅读此书时，你能听到采购、物流中的热闹与嘈杂，看到生产制造从粗犷到细致的转变，更能见证华为交付体系的涓涓细流快速而有序地汇入海洋。

笔者希望本书能成为广大企业家、管理者、供应链从业人员一路前进的良师益友，成为提升企业供应链管理能力的常读常新的"管理读本"，成为解决企业供应链实际难题的"百科全书"。

当你翻阅本书，了解了华为供应链 30 多年的管理实践过程后，就会惊喜地发现：这是一支从粗放模式起步，快速迭代后形成的强大团队。这背后的所有艰苦，都被华为人自我批评的创新精神和百炼成钢的职业精神所克服。

"黄尘清水三山下，更变千年如走马"。华为供应链用了 30 多年时间逐步实现追赶前行、浴火重生、高歌猛进、构建具有自身特色的管理体系。

未来，做全球消费者最信赖的供应链，华为供应链使命必达。

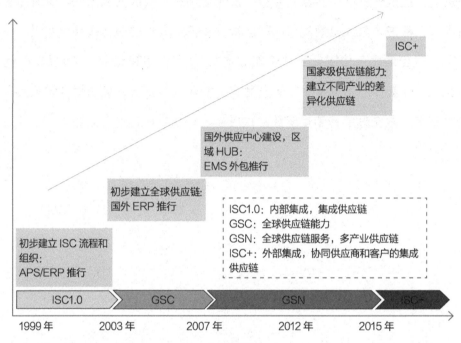

注：① ISC, Integrated Supply Chain，即集成供应链。

② GSC, Global Supply Chain，即全球供应链。

③ GSN, Global Supply Network，即全球供应网络。

④ APS, Advanced Planning and Scheduling 即高级设计与排程，是一种企业管理软件。

⑤ ERP, Enterprise Resources Plan，即企业资源管理。

⑥ HUB，即仓储物流中心，它是物流公司内部运营操作而不对外开放的一个功能性操作中心。

⑦ EMS, Electronic Manufacturing Services，即电子制造服务。

华为供应链变革进程

目录

第 4 部分　重供，然后要供得优

第 5 部分　供创，走向创新之路

第 1 部分

识供，认知供应链

供应链只有一个，关系着公司的生命，
一旦出问题，就是满盘皆输！
——任正非

第 **1** 章

没有供应链，就没有掌控力

提到线上购书，我们也许会不由自主地想到当当，但早在 2017 年，京东的线上图书销量就已超过当当。

为什么图书市场曾经的佼佼者会被京东弯道超车？

不是因为当当的实力不足，一个重要原因是京东看到了物流对电商的作用，自主构建了供应链物流网络。这个自主建设的供应链物流网络给京东带来的稳定服务和及时交付，让京东不仅在线上图书销售方面，更是在整个电商竞争中扶摇直上。

餐饮行业的标杆品牌海底捞，不少人将其成功归因于优质的服务。然而优质的服务只是"烟幕弹"，真正在背后保驾护航的是海底捞的供应链。海底捞通过掌控供应链，有效管理了调味品加工、食材采购、门店装修、服务人员培训等内部服务，并进一步将其规范化和标准化，从而在餐饮市场中获得一席之地。

企业的供应链就是一条生态链，客户、供应商、制造商都在一条船上。企业如果没有管理好供应链，就丧失了掌控力。

断供风波：中兴与华为事件

对于每一位科技工作者而言，有两个事件无法回避：一个是 2018 年的中兴事件，另一个是 2019 年的华为事件。

谁扒掉了中兴的"皇帝新衣"

在某一个清晨，一位朋友给我打了个电话，惊讶地问道："你知道中兴要被停牌了吗？美国政府禁止中兴采购芯片了。"电话这头的我正急着去华为上班，不以为然地回答："刚刚看到新闻了，估计过段时间就好了。"

然而令我没想到的是，两天后中兴事件发酵，不少中兴员工在网上爆料，美国除了不允许中兴采购芯片，还全面停止了对中兴的技术支持，甚至中兴的出口许可申请都全部被美国政府驳回了。看到这些爆料，我不禁倒吸一口凉气，心想：看来美国这次是玩真的了。

制裁发生后，不少人觉得没什么大不了，认为中兴可以用自己研发的芯片，让国产芯片发展起来。

但所谓"皮之不存，毛将焉附"，如果失去国产整机厂的支撑，国产芯片的发展又将何去何从？如果美国断供过久，这期间中兴大部分产品全面断货，无法履行订单合同，没有收入，这将会带来中兴乃至整机产业的灭顶之灾。

所以中兴的当务之急是让美国尽快解除禁令，渡过眼下难关。可以说，这一次，美国政府掐住了中兴的命门。

华为和中兴，同为从深圳崛起的通信巨头，不仅在中国，而且在世界上都占有重要地位。中兴还一度被任正非称为"最敬佩的竞争对手"。

然而，自 2018 年 4 月中兴事件爆发，"禁令"一词即刻将中兴推向了生死存亡的关头，中兴因供应链被掐断而当即停牌，业务经营陷入"休克"状态，7 万多名员工无所适从。

小小的芯片竟然能使一家著名的科技公司陷入瘫痪，这不禁让大家唏嘘不已。

生死存亡之际，早已退休的中兴创始人侯为贵不得不再度出山，远渡重洋，与美国谈判。2018 年 6 月 7 日，中兴接受协议，再次缴纳 10 亿美元（1 美元约为 6.88 人民币）罚款，并改组董事会，以解除美国政府的相关禁令。

挽狂澜于既倒：华为的"备胎"计划

一波未平一波又起，华为于 2019 年也被美国制裁。与中兴不同的是，在断供的情况下，华为选择正面"硬刚"。

早在一年前的产品投资评审委员会战略务虚研讨会上，任正非曾发表讲话："我们现在面临的将是和美国的关系可能会比较紧张的一个阶段，要做好充分的准备。"

或许正是因为有这种"自己站起来"的斗志，有危机意识，华为才转危为安。

就在禁令发出的第二天凌晨，华为海思的总裁何庭波发表了一封内部信，称之前花费10多年为生存打造的"备胎"将会全部"转正"，以保证大部分产品的连续供应，为业务的正常开展保驾护航。

这封"备胎转正、科技自立"的内部信，让低调的芯片部门海思站在了台前，帮助华为挽狂澜于既倒。

在此之前，华为就已做好了充分的准备。2000年，任正非发表了一篇名为《华为的冬天》的文章。在文章中，他说道："公司所有员工是否考虑过，如果有一天，公司销售额下滑、利润下滑甚至破产，我们怎么办？"

当时不少人认为这种思考是杞人忧天，但这并没有阻止任正非在公司推行"备胎"计划。

从2004年开始，华为每年会拨给海思业务部4亿元的预算，助力"备胎"计划。

十年磨一剑，为了此次亮剑，华为整整磨了15年。而在此次危机中，"备胎"的一夜转正，最后的胜者，必定是华为。

为什么华为能做到临危不乱？对华为而言，一方面，受到严厉制裁确实是严重突发事件。另一方面，中兴事件的发生，让其有所警觉——供应链不能受制于人，否则就会被"卡脖子"。

面对突如其来的危机事件，华为提前做了各种准备，尤其是在供应连续性上做了准备。因此当制裁的矛头指向华为后，华为应对得并不吃力，甚至还游刃有余。这让国内科技行业从业者在纷纷为之惊叹的同时，再次感受到巨大的外部压力，意识到了供应链的重要性。中国操作系统宣布融合，并正式成立统一操作系统联盟。此外，国内手机厂商也感受到巨大危机，OPPO开始效仿华为，启动马里亚纳芯片计划，走上自研芯片之路；vivo开始寻找"备胎"，与三星达成合作，避免因高通芯片断供而导致自家陷入缺芯的尴尬处境；小米重启澎湃芯片研发计划，收购多家半导体企业，用于研发澎湃芯片……

很显然，在同行眼里，华为的未雨绸缪之举是有先见之明的。

从被动到主动的华为供应链

面对同样的危机，中兴选择被迫接受苛刻条件，换取一线生机；华为选择提前准备，主动迎战，引得业界纷纷支持和效仿。为何中兴与华为有着不同的结局？答案就在供应链上。

危机来临时，中兴的供应链并没有发挥其应有的作用，一个月内全部瘫痪，这让人感到诧异。中兴的研发实力其实并不弱，专利数量排名在整个通信市场中靠前；营销也未拖后腿，产品销量位列通信市场前五。

为何在产品力和营销力都不弱的情况下，中兴依然被迫接受苛刻条件？归根结底，是因为供应链力量太过薄弱。由于缺乏连续性的供应链管理，中兴无法应对突如其来的断供危机。

面对前车之鉴，华为积极准备，防患于未然。

2019 年春节，任正非并未享受假期时光，而是带领华为团队做各方面准备，尤其是供应链领域。春节期间，在华为到处都能看到加班人的身影。任正非表示，保安、清洁工、服务人员，春节期间我们有 5000 人在加班，都在力保供应而战斗、抢时间。

笔者清楚地记得，在春节放假之前，公司就发布了一则通知——要求高级干部全部待命，不允许离开深圳。作为待命人员，笔者和研发、营销部门的核心业务骨干和主管，都留在了深圳过年，以便随叫随到。

阖家团圆的春节来临时，任正非到松山湖和坂田慰问了生产线上的员工，重点检查供应链连续性工作部署落地情况。

中兴事件虽然已经发生，但危机会这么快降临到华为头上吗？任正非对此表示，未来随时都有可能遭受制裁，供应链作用很大，希望我们能做好准备。

自此，我们就开始值班。其实早在半年前，华为就已经成立了供应链连续项目组，由供应链管理部门的最高负责人担任组长，组员则由供应链和研发等领域的骨干力量组成，以最大能力来应对供应危机。

除了重视连续性管理，华为也开始寻找"备胎"，寻找一些不受他国控制的企业商讨合作。

在人员梯队建设上，任正非更是拿出大量资金，招募了大批顶尖人才。从任正非接受媒体采访时透露的情况来看，华为在 2021 年前至少有 6 万名工程师、6000 名技术研究专家以及 800 名物理学家、700 名数学家、120 名化学家。

以华为消费者业务部门（Consumer Business Group，CBG）为例，在组织层，在 CBG 成立了供应连续性小组，抽调了各个领域的骨干人员参与其中；在战略层，从年初开始，将连续性管理融入战略规划（Strategy Plan，SP）和业务规划（Business Plan，BP），自上而下逐层落实；在执行层，供应链连续性项目组和业务的开展并行作业，企业做什么业务，供应链连续项目组就备份什么业务。

将供应链连续项目组做成类似华为内部的"蓝军"（华为有红军部和蓝军部，蓝军部是指通过模仿对手的作战特征与代表正面部队的"红军"进行针对性训练的部队），通过对供应链的连续性进行多维度模拟攻击，检验供应链的柔韧性。因此，当美国真正发起攻击时，华为早已在内部模拟了无数遍各方面的攻击及应对策略。

一旦出现极端断供，华为会评估各个领域恢复的时间，其评估范围广泛，包括电子制造服务（Electronic Manufacturing Services，EMS）工厂；在供应商物料突然不能使用的情况下，华为会运用非常精密的科学计算，给出解决方法。

从过程来看，危机事件发生后，华为通过组织、战略、执行主动应对。从结果来看，华为靠自己解决危机，振奋人心。

从被动到主动，根本的区别在于企业对供应链的管控能力。任正非说："供应链只有一个，关系着公司的生命，一旦出问题，就是满盘皆输！"华为作为一家行业领先的全球化公司，在供应链上从被动防御到主动控制，做到了稳定、及时、准确，有效规避了供应链风险。

企业战略的供血系统：供应链战略

在 2016 年的中亚地区部员工座谈会上，任正非表达了对"战略"一词的理解："什么叫战略？'略'是什么意思？'略'是指舍弃一部分东西。你不舍弃一部分东西，不叫"略"；没有方向，不叫"战"。对于形势不好的市场，要敢于抛弃一部分，聚焦一部分，聚焦后有利润就行了。"

虽然华为十分重视企业战略，但在发展过程中也走了一些弯路，如错失了小灵通的市场机会。尽管如此，华为在战略上的取舍，依然是业界典范。

时代的每一粒灰，都是落在华为头上的理想疆域

在一篇名为《北国之春》的文章中，任正非说过这样一段话："华为成长在全球信息产业发展最快的时期，特别是中国从一个落后网改造成世界级先进网，迅速发展的大潮流中，华为像一片树叶，有幸掉到了这个潮流的大船上，是躺在大船上随波逐流到今天，本身并没有经历惊涛骇浪、洪水泛滥、大堤崩溃等危机的考验。因此华为的成功应该是机遇大于其素质与本领。"

这段有些自谦的话，准确揭示了华为成长的宏观背景和必要条件。

华为准确把握了时代的"风口"，开局定位通信市场。任正非用"拼命三郎"的精神，让公司从一个"门外汉"慢慢变成了中国通信市场的巨头。

华为于 1987 年创立，一开始并没有做手机业务，仅仅是香港地区一家生产用户交换机的公司的销售代理商。

不想当将军的士兵不是好士兵。随着产业理念和市场的发展和变化，华为开始自主研发交换机，先后在北京、上海成立研发中心和知识产权部，并于 1998 年进军欧美市场。

对众多无法锻造能力的企业而言，根基较浅的通信设备及信息技术行业和变幻莫测的市场，是难以逾越的两座大山。但对华为而言，这反而成了纵横驰骋的理想疆域。

早期引入的大量高级人才，包括外界顾问与专家，成了华为前进路上的明灯，起到了很好的战略辅导作用。

从战略选择上看，华为早期的定位是以产品取胜，在产品贸易的基础上重视研发，进而重视对外销售，逐步构建完整的营销体系。所以在早期，产品和营销一直是华为赖以生存的两项基本能力，因此华为在战略选择上更加重视产品和

营销。

与此同时，任正非早已意识到，除产品和营销之外，供应链对企业也十分重要。

师从 IBM，华为学到了什么

1992 年，华为销售额已过亿元。在发展鼎盛之时，任正非带队到美国参观学习。看到当时最先进的 AT&T 5 号机后，任正非决定斥巨资开发自己的交换机。

任正非站在深意工业大厦的 5 层，对研发部门的员工们说："如果研发不成功，大家各自散去找工作，我自己从楼上跳下去。"

为什么任正非会说出如此视死如归的话？这一切得从任正非的美国之行说起。

飞机经过东京，越过太平洋，一路奔波的任正非终于抵达了美国之行的第一站——大西洋彼岸的波士顿。

任正非的这趟波士顿之行，是为了访问一家专门生产电源的公司，他听取了陶瓷基片、铝基片的模块电源的介绍。这种电源更先进、体积更小、效率更高。

离开波士顿后，任正非辗转哈佛、麻省理工、德州仪器等的所在地，最后到了美国硅谷。

全美很多尖端工业都将研究机构设立在硅谷，如 HP（惠普）、NS（Nintendo Switch，日本任天堂公司出品的电子游戏机）、AMD（Advanced Micro Devices，超微半导体公司）、Intel（英特尔）等。因此，只需要在美国硅谷考察，就能了解全美的电子技术发展情况。

在考察后的散记中，任正非写道："（我）参观了 DMOS（半导体场效应管）的硅片制造，十分先进。美国已开始将工业最核心的部分保留在本土生产，而将其余业务大量转移到世界各国的分公司，以降低成本，增强竞争力。"

这段话反映了美国企业供应链战略的重大变化，也让任正非更加深刻地感受到供应链的重要性。

3 年后，任正非再次带队访美，参观了休斯、IBM、贝尔实验室和惠普等知名企业，其中 IBM 给任正非留下了深刻的印象。

"听了一天的管理介绍，我们对 IBM 这样的大公司的管理制度的规范、灵活以及响应速度快有了新的认识……我们只有加强管理与服务，在这条不归路上，才有生存的基础。这就是华为要实行规模化、搞活内部动力机制、加强管理与服务的战略出发点。"

虚心学习，是一个国家、民族、企业崛起和发展壮大的必经之路。1998 年，任正非斥资 40 亿元向 IBM 拜师学艺，联合 IBM 开展了变革咨询项目。

在这个项目里，IBM 顾问对华为面临的许多主要问题进行了系统的分析和诊断，给出了明确的变革方向，包括 IPD（Integrated Product Development，集成产品开发）、ISC（Integrated Supply Chain，集成供应链）及后来在市场、财务方面的变革。自此，IPD 变革在华为推行，ISC 变革也紧跟步伐，供应链战略开始成为整个华为战略的重要组成部分。

学习了 IBM 经验的华为，开始发生翻天覆地的变化。

在推行 ISC 变革之前，华为内部就已感受到供应链在业务支撑上越来越吃力。流程上，前方签署合同的承诺与后方的生产交付能力不匹配，订单履行周期过长，订单无法按承诺履行；供应商实力参差不齐，供应的产品质量难以保证，采购成本居高不下；信息不对称导致订单、采购、生产、库存、物流不匹配，交付不能按时完成；IT 系统基础数据不标准，准确度不高，形成信息孤岛；组织复杂，部门间缺乏沟通，形成"部门墙"。

通过考察，IBM 顾问指出华为供应链管理效率低，有很大的提升空间，与业内先进公司相比存在较大差距：国际领先的电信设备制造商的订单及时交货率为 94%，华为仅为 50%；国际库存周转率平均水平为 9.4 次/年，华为仅为 3.6 次/年；国际订单履行周期平均水平为 10 天左右，华为为 20～25 天。

结合华为的实际情况，IBM 顾问与华为讨论提出了 ISC 变革方案：在方法上从流程切入，让业务驱动变革；从组织变革着手，破除变革阻力；以计划和预测为龙头，带动其他环节变革；从境内到境外，由内而外进行变革。

2004 年，ISC 的业务建设基本完成。随后一年里，华为的订单履行周期缩短至两周，响应能力、灵活性、客户服务水平获得了极大提升。这一年里，华为从"冬天"醒来，开启第二次大发展——GSC（Global Supply Chain，全球供应链）。

短短的时间里，华为供应链端到端交付概念得到初步体现，形成了较为完整的全球供应链网络。华为的收入在 2005 年也比前一年增长了 36%，其中 75% 的销售额来自境外，境外市场规模连续 4 年超过境内市场。

供应链战略意识的觉醒，为华为供应链的高速发展奠定了坚实的基础，为企业发展输血造血，使企业实现了快速发展。

"我们要建立世界一流的工厂"

"办公地点在科技园，产品生产工厂在西乡"，这是华为供应链早期部门分离的情况。

不少人认为工作开展多有不便，制造缺乏有效管理。为解决这一问题，华为内部就"要不要做制造以及制造怎么做"这一主题展开了激烈讨论。

有人认为，制造对企业而言没有太大作用，华为主要靠研发，应该继续走研发的技术路线，所以没必要投资太多在制造上。

还有人认为，可以投资制造，但是没必要做世界一流的工厂，这样消耗的投资太多，研发和营销的投资就难以保障。

剩下一部分人认为，如果要做工厂，就要做世界一流的工厂。

当时的情形是支持第二种观点的人最多，支持第三种观点的人最少。出人意料的是，任正非坚定地支持了第三种观点。

讨论结束后，任正非便提出了要在龙岗坂田建立世界一流的工厂："我们拟用 3 年建立世界一流的工厂，这个一流主要指的是管理一流、工艺及设备一流、建筑群体一流。"

为此，任正非聘请德国公司按照一流标准对工厂进行设计。

在制造行业，德国人是出了名的严谨。他们对待流程十分严格，工业软件也十分成熟。例如西门子，将机械、电气、电子、工艺、结构、材料、热能等多学科能力集成到一个统一的软件平台上。这样制造部门可以在这一个平台上，通过数字化手段完成产品和工艺的设计、开发和试制验证，减少大量重复性工作。

这些在西门子数字化转型过程中得到了充分检验，华为通过借鉴德国工艺流程，直接应用其工业软件。

除了以德国的工艺流程和工业软件为主体，在建设工厂的过程中，华为还将日本的质量管理嵌进去，学习"检一个、装一个、测一个"的精益生产模式，保证制造过程的高质量、高效率。

华为将德国"高质量、高性能、高度自动化"和日本"小型、低成本、一个流自动化"之长融入大生产体系架构，以有综合竞争力的成本实现高质量、高度自动化和部分智能化生产。

经过3年的建设，华为终于在坂田建立起世界一流的工厂，其中包括自动物流中心、机械加工中心、生产中心等。

在该工厂建成之前，工厂旁都是"断头路"，交通极其不便，员工要想到工厂，只能靠步行。该工厂建成之后，道路四通八达，周围各方面基础设施逐渐完善，车水马龙，人来人往。

除此之外，"在城堡里办公，用小火车通勤"也成了外界羡煞华为员工的原因之一。这是形容华为斥资100亿元建设的松山湖办公园区——欧洲小镇，如图1-1所示。

图 1-1 华为松山湖办公园区——欧洲小镇

可以说，将供应链纳入企业重要战略之一的华为，无论是在理念上还是在行动上，都已走到了时代前沿。

一个企业进入大规模发展阶段，会面临以下 3 个问题：

是不是仍然认为供应链特别重要？

离开供应链还能不能正常运行？

企业在面临断供等严重危机时，应该怎么应对？

华为对这 3 个问题的答案十分明确，认为没有供应链，企业整个战略是残缺不全的，早晚都得摔跤。

2015 年以来，无论是 CBG，运营商 BG①，还是企业 BG，华为虽然都已位居世界前列，但其仍然清醒地认识到供应链才是企业的命脉。

因此，即使还没有被美国制裁，华为就已开始在内部成立供应链连续项目组，调集供应链精干力量，对供应链流程中涉及连续性的问题进行查漏补缺，并针对各种异常场景制定两种以上的预案，比如对台风、暴雨、地震、火山、供应商倒闭等导致的断供都提前做了安排。

对规模壮大后的企业而言，供应链管理不再仅仅是一种很重要的能力，而是一种不可或缺的能力。没有这种能力，企业面对的可能不仅是销量减少、订单无法完成、客户投诉等问题，而是生死存亡的问题。

犹如现代社会突然停电，家用电器再好，恐怕也得成为摆设。重视供应链战略，将其作为企业战略构成之一，对大多数企业而言尤为必要。

供应链，连接哪些环节

1996 年的春天，两家位于美国波士顿的咨询公司——PRTM 和 AMR，为了帮助企业更好地管理供应链，实现从基于职能管理到基于流程管理的转变，牵头成立了国际供应链协会（Supply Chain Council，SCC）。

---

① BG，即业务集团（Business Group），它不是特指的部门，而是指华为的业务集团。

同年年底，该协会发布了供应链运作参考模型——SCOR（Supply-Chain Operations Reference-model）。

目前，SCOR 是业界公认的比较成熟的企业供应链流程梳理的方法体系。SCOR 定义了供应链的 5 个基本环节：计划、采购、制造、交付、物流和退货。

在实际操作中，无实物现场的供应链环节包含计划、交付，这两大环节扮演着大合唱中指挥棒的角色，处理信息流，指挥现场环节正常运转。只有计划准确率、预测可靠性有了保障，两大环节才能指挥得当、准确号令三军。

有实物现场的供应链环节包含采购、制造、物流和退货，涉及物料、厂房、设备、半成品、成品、车辆等实物。三大环节在供应链中是"执行者"，侧重定时定量产出、缩短制造周期、FFR（Field Failure Rate，市场返修率）达标、准确备货/理货/发货、账实相符等执行工作。

连接企业内部相辅相成的五大环节

俗话说计划跟不上变化，因此不少人认为计划无用，但对于企业的供应链而言，计划就是一切。

从狭义上看，计划可以理解为计划某件具体的事情；从广义上看，计划指具体计划中的某个供应链活动。

有效的供应链管理始于计划，它会连接所有其他环节。如同餐厅出餐，客户下单之前，餐厅要根据市场相关信息设计菜单，制定采购指令；客户下单后，餐厅需要根据现有资源做出餐规划，让出餐更加及时合理；出餐完成后，餐厅需要规划交付方式，包括客户应该如何支付（使用现金或电子支付方式）；客户不满意时，餐厅要对供应链进行逆向管理，管理有缺陷的菜品或服务。

在 SCOR 中，采购被称作 Source，其含义为来源、源头。企业在将产品或服务卖给客户之前，需要从供应商那里采购物料，这个过程叫作采购或者寻源。

那么采购是如何与供应链其他环节结合起来的？

依旧以餐厅为例，餐厅的采购人员在采购食材之前需要与店长沟通，根据市场需求变化和菜单设计采购相关食材；结合各大菜市场的食材分布情况，形成采购计划；将食材按需交付给厨师，以便烹饪佳肴。

当我们谈论制造时，首先会想到生产有形产品的制造企业。另一种提供无形服务的企业，我们称之为运营企业。在英文中，Operation可以翻译为生产或者运营，这也意味着两者有相似之处。餐饮业供应美味食品，零售业提供产品销售渠道，这些服务都为客户带来了良好体验，由此可见，各行各业都在"制造"东西。

无论我们的企业属于什么行业，只要提供产品或服务，都有相应的"制造"环节。因此我们只有了解该环节，才能更好地进行供应链管理。

在SCOR中，制造连接计划、采购环节，接受计划的指挥，利用采购提供的物料，定时定量产出，完成产品交付。

华为供应链里，只有接不回来的单，没有交不出去的货。只有完成交付的产品，才会真正有价值。因此，在SCOR中，第四个环节专注于交付产品。企业需要按照计划的要求，将制造产出的产品准确交付给客户。

通过物流完成产品交付后，产品的供应链之旅并未结束。有时企业会回收产品，有时客户会因不喜欢产品而退货，或因需要维修产品而换货。

退货需要连接计划所规划的退运系统，尽快安排快递上门取件；收到退货后连接制造，及时处理产品问题，同时安排退款；产品问题解决后，连接交付环节，安排再次发货，完成交付。

协同"上游"，承接"下游"

如果将五大环节的相辅相成看成供应链的内部连接，那么供应链的外部连接便是产业链上、中、下游之间的协同。

A公司是一家生产家用电器的企业，经过10多年的发展，该企业成了行业内的标杆。但随着行业内市场竞争日趋激烈、产品更新换代加快，企业需要及时掌握渠道终端的市场信息，以销定产、快速反应，才能抢占市场，经久不衰。

然而，A公司的供应链管理跟不上时代发展的要求，因此出现了以下问题：

流程效率低，跟单人员多，订单数据不准确；

沟通成本高，供应商和企业内部人员对同一物料的叫法不一致，需反复沟通；

业务决策慢，不能及时获取终端信息；

⋯⋯⋯⋯⋯⋯

这些问题导致 A 公司时常发生错单、漏单的情况，进而导致物料供应商、制造服务商、物流承运商抱怨颇多，他们强烈要求 A 公司改变这种混乱的状态。

后来，A 公司通过优化供应链管理，实现了供应链上的物料供应商、制造服务商和物流承运商的业务协同，再次激活了整个产业链。

供应链不仅连接企业内部职能环节，还连接产业链中的核心环节，如连接上游物料供应商、下游制造服务商、物流承运商等，协同产业链发展。

要想产业链产生价值，企业需要"盘活"产业链的上下游企业，在两者之间建立连接。建立这一连接的，是企业的供应链。

供应链核心企业在做采购和生产决策之前，需要对市场需求进行预测。不准确的预测将会导致缺货、库存增加以及客户满意度下降。供应链核心企业一般会与上下游企业分享包括预测、订单、库存在内的信息，提升预测准确性。供应链核心企业还会与上下游企业协同计划，根据情况补货或及时清理库存。

供应链严密的协同体系对优化企业生产效率、产品质量、客户满意度等指标发挥着重要作用。

大供应链还是小供应链

供应链本没有大小之分，但企业类型不同、发展阶段不同，企业对供应链的认知就会产生差异，由此出现了"大供应链"和"小供应链"的说法。

大、小供应链的由来

从供应链范围来看，日韩企业大都默认供应链仅有订单、计划这些部门；国内部分民营企业将供应链的范围定义得更大一些，包括采购、物流，甚至还包含制造和质量管理部门；行业内的标杆企业，按照 SCOR，一般都会将计划、采购、制造、交付、退货等职能部门都囊括到供应链中。

为什么会出现这些不同的认知？

日韩企业大部分靠制造起家，在制造领域有完善的运作体系，因此他们会将制造和供应链区分开来，将订单、计划部门纳入供应链体系，平衡双方力量。

国内部分民营企业基于管理成本的考虑，会进一步将采购、物流等部门纳入供应链体系，以便统一管理，提高效率。

行业内标杆企业，如华为，其研产销组织健全，职能完善，再加上有与外部客户接口和对标的需求，就将计划、采购、制造、交付、退货等职能部门整合成大供应链部门，从而起到对内连接、对外协同、前置管理的作用，发挥供应链更大的价值。

可见，我们对供应链的认识不应仅仅局限于大小之分，而要跳出来仔细辨识供应链指的是什么，这样才能看清全局。

由浅入深认识供应链

对供应链的认识，华为有一个由浅入深的发展过程。

1998 年之前，华为的供应链是个小供应链。那时员工都未称其为供应链，即便有时叫它供应链，也仅仅指订单、计划和采购等领域。当时的生产管理部门、物流部门都是分散管理，并未整合。

1998—2004 年，经历了 ISC 变革后，华为供应链逐渐完善，开始将计划、订单、采购、物流等环节囊括进来，但制造环节仍然游离在外。

华为在供应链于 2004 年向全球化方向发展后，逐渐意识到制造环节应与此前供应链中的计划、订单、采购、物流等环节形成高度的协同，以有效发挥供应链的作用。

这三大认识阶段对应了华为对供应链的定义和要求发展的 3 个阶段。

第一阶段，供应链以功能型为主，各自发挥作用，如制造发挥生产作用，采购发挥购买零部件作用等。

第二阶段，开始尝试做集成供应链的整合，希望供应链能发挥相互支撑的作用，解决相互割裂的问题，将外部矛盾转化为内部矛盾，减少沟通成本。

第三阶段，希望供应链形成对内、对外的高度协同，体现供应链的整体价值。

此时供应链部门也自信地喊出了"只有接不回的单，没有交不出的货"的口号。

可见，供应链有一个发展过程，它要与企业的类型、发展阶段、业务场景等匹配，最重要的是企业要能认识到供应链的价值，协同企业内部的研产销及企业外部上下游的合作伙伴，发挥供应链的作用。

企业的选择：自制还是代工

2008 年 8 月，英国一名顾客购买了一款 iPhone。在激活手机时，这名顾客惊奇地发现，手机里出现的图片竟然不是苹果默认图片，而是一张中国女孩的照片。

照片中，女孩头戴粉色工作帽，身穿粉色工作服，两只戴着白色手套的手向镜头比出"V"字手势，十分可爱。在女孩的身后，车间的情况一览无余——工作人员正在机器前忙碌地工作着。

这是一张无意流出的试机照。

没过多久，这张照片中的富士康女孩便在全球走红，为代工企业带来了不少正面宣传效应。

一个争论已久的话题

自制好还是代工好？这是业界争论已久的一个话题。

从定义来看，自制是指企业自主研发和制造零部件；代工是指 OEM（Original Equipment Manufacturer，原厂委托制造），代工厂按照厂家特定的条件生产，所有的产品都完全依照来样厂商的设计进行制造加工，再贴上厂商的品牌来销售。

代工能使企业更好地压缩成本，还能使企业抽出时间和精力去创新技术和发展营销。但代工也存在缺点——质量、数量不可控。

在相当长的一段时间里，代工模式占据上风。小米、三星、索尼、飞利浦等巨头都采用产品代工，以追求效率和利润。

但随着互联网的发展，形势逐渐扭转，不少品牌开始有不同的选择。

以市场上常见的手机品牌为例，自制和代工主要有以下 4 种模式，如表 1-1 所示。

表 1-1　自制和代工的 4 种模式

模式	自制	自制为主，代工为辅	代工为主，自制为辅	代工
代表企业	OPPO、vivo	三星	华为	苹果、小米

为什么会有这些不同的选择？对供应链而言，自制和代工各有优缺点，前者成本较高，专业度不够；后者存在沟通问题，可能会受制于人。

那么企业是选择自制还是选择代工？企业只有权衡不同发展阶段的多重因素，才能做出合理选择。

权衡多重因素，是华为、苹果、三星的合理选择

华为手机早期走全自制路线，在 2008—2010 年，做出了轻资产的选择，曾一度全面收缩自制，走代工路线。然而代工模式未运作多久，就暴露出质量管控难、研发与制造协同不顺畅等弊病。

华为手机研发阶段的试制打样外包给代工厂后，每一次都要经历招标、谈价、走合同的流程。同时代工厂收费较高，服务不灵活，出现涉及责任层面的问题时，沟通成本远高于货值，这对生产效率产生极大影响。这些弊病导致华为研发部门急成热锅上的蚂蚁，销售部门也对抢占上市先机充满担忧，压力全面转移到了供应链上。

2011 年以后，华为手机逐步恢复自制，开始在松山湖建立自制生产线。后来华为发现自制也有一个弊端：虽然自制生产能为研发性生产提供整套服务，但是与专业的 EMS 代工厂相比，当时手机的制造管理体系还不成熟，自动化、数字化还处于早期水平，用人成本高于代工厂。

为什么成本高？第一，生产一线进入门槛高，对人员学历和经验有一定要求，内部薪资比外部平均薪资高出 1000 元左右。第二，生产间接管理人员用人成本高，部分管理人员是从研发部门调转过来的专家级人才，管理成本分摊较高。第三，

为了匹配研发能力，华为配置了大量的测试设备，以储备分析和解决问题的能力，这些设备的前期投入比较高。

面对成本高的问题，华为决定样机、NPI（New Product Introduction，新产品导入）及量产部分的高端机型自制研发，剩余大部分产品由 EMS 代工厂生产，自制和代工的生产比例维持 1 ： 9 的状态。

随着制造效率的提升，华为原来人员和设备的高投入被分摊，自制成本降低到代工的平均水平甚至更低，自制所占比重提升至 20% ~ 30%，制造能力一举达到了先进水平。

企业要想拥有业界领先的制造管理能力，关键不在于选择自制还是代工的模式，而在于将研发与制造高度融合，不受制于人。

三星采用了产业链垂直整合的思路，全面发展自制及上游相关产业的研发和制造，并且具备业界领先的制造管理能力，如物料齐套管理、定时定量产出、模块化组装、质量前置管理等方面，一度是华为对标的重要对象。

苹果虽然采取的是全面外包策略，但这并不意味着苹果不擅长制造。以苹果与富士康的合作为例，尽管苹果将大量的制造外包给了富士康，但同时也在富士康内部部署了大量的定制化专用设备以及管理团队，如设备工程师、工艺工程师、NPI 工程师等。在这种模式下，一旦苹果将设备及人员撤出，不完整的工序、工艺便会让富士康失去生产能力，富士康就等于被扼住了命运的咽喉，既不能为苹果生产产品，也不能为其他品牌生产产品。

同样采用全面外包策略的小米，为与其以互联网思维做手机的战略相匹配，走轻资产道路更符合企业早期需要。随着不断发展，小米近两年也逐步开始建立自制生产线，孵化核心制造能力，支撑产品向高端定位迈进。

企业是否选择自制，需要考虑 4 个因素：

制造是否为企业的核心竞争力？

自有工厂是否有利于提升企业品牌资质，从而有利于销售？

自制是否有利于政策资金或资源的获取？

自制是否有利于撬动资源，如融资、土地等资产增值等？

　　企业在回答以上问题时，如果答案都为否，那么不建议企业选择自制。企业要根据实际发展情况来促进研发和制造的融合，提升供应链制造能力。

　　基于此，我们回过头看本节标题，就会发现自制和代工本身没有好坏之分。选择哪种方式，和企业的资产战略、业务诉求、自身的制造及管理能力、延伸利益等多种因素相关。

　　考虑这些因素的一个核心前提是，企业要对供应链有掌控力。对供应链有了掌控力，企业选择哪种模式都可以。但如果企业对供应链缺乏掌控力，再好的模式也难以有效发挥作用。

　　通用电气的前 CEO 杰克·韦尔奇曾说过："如果你在供应链运作上不具备竞争优势，就干脆不要竞争。"可见供应链已然成为市场竞争的主体，企业要想突出重围，从容应对危机，就必须拥有掌控供应链的能力。

第 **2** 章

供应链与产业链、价值链

供应链、产业链、价值链是经济学中的常见概念，三者所表示的含义很接近，容易混同。于是常常有人问：这三者有何区别？我们可以通过 3 个例子窥探一二。

供应链类似于"草—兔子—狼／狮子"的食物链关系，如图 2-1 所示，缺少其中一方，另外两方的生存都会受影响。比如企业 A 想开办工厂，其必然需要向上游厂商购买原材料，通过加工原材料输出产品，再将产品卖给下游厂商或者客户。三者以企业 A 为核心，组成了一个供应链。

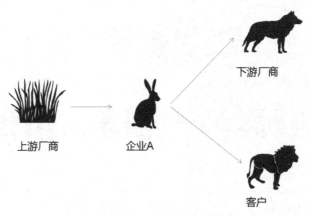

图 2-1　供应链中的关系

供应链体现了企业间的相互依存关系。从整体来看，企业 A 如果只注重自身发展，忽视与上游厂商或下游厂商／客户的关系，将战略调整为制造高质量产品，那么上游厂商的原材料供给会不到位，下游厂商的销售能力也会跟不上，从而间接影响企业的发展。如果忽视客户，则产品的销售就会出问题。

再来看看产业链。

李明某天在电商平台购买了一件商品，这件商品对李明十分重要，他必须在第二天收到货。当李明通过网银完成了支付后，电商平台立即安排发货。在这个过程中，电商平台负责销售，物流公司负责发货。为满足客户需求，电商平台要求物流公司保证在第二天送达。于是物流公司没有采取公路运输，而是采取航空运输，大大提升了物流速度，李明也如愿在第二天收到了商品，对物流配送十分满意。

然而商品没用几天就出现了质量问题，李明便进行了投诉，找到了售后客服。该商品仍在质保期内，售后客服对李明进行了赔偿，并委托当地维修部门安排维修人员上门维修。维修人员当天到达李明家中，对商品进行了检测与维修，解决了质量问题，李明对售后服务十分满意。

上述例子包含了电商产业、物流产业和产品维修产业，一个产业（电商产业）推动着其他产业（物流产业和产品维修产业）的发展，从而形成了产业链条，这个链条简称"产业链"。

什么是价值链?

企业 A 在经营过程中为了获取利润，通过扩大生产、降低成本（采购成本和生产成本等各种成本）等方式促进了销售，创造了价值。在这个创造价值的过程中，所有活动涉及的企业或部门构成了一个价值链。

3 个链条中，供应链是打开企业价值之门的新钥匙，是企业发展的新岔路，是行业标杆的共同选择，是端到端拉通研产销的必经之路。

供应链：打开企业价值之门的新钥匙

经过半个多世纪的发展，沃尔玛已然成为世界上最大的连锁零售商。在全球十几个国家（地区），沃尔玛开设的分店已超过 5000 家，员工总数达 160 多万人，每周光顾沃尔玛的客户接近 1.4 亿人次。

事实上，沃尔玛之所以能快速扩大规模，跻身成为全球知名公司，离不开沃尔玛供应链的鼎力支撑。

在先进、高效的供应链管理系统的运作下，沃尔玛全球各地的配送中心、连锁店、仓储库房和货物运输车辆形成了灵活高效的配送销售链条。沃尔玛在 20 世纪 70 年代就花重金购置了商业物流卫星，从而控制企业物流链，提升物流的配送效率，以快速及时的配送服务赢得客户的青睐。

凭借高效运行的供应链，沃尔玛可以及时了解客户的购买信息，并将信息反馈给生产商，使之调整生产计划，降低库存水平。举例而言，当飓风即将来临之时，客户多会购买果酱这类极易储存且不易腐烂的食品，当沃尔玛气象台预测到即将出现飓风后，分店的供应链会立即调整至"飓风状态"，开始供应更多的果酱与啤酒。

如此强大的供应链管理为沃尔玛的客户提供了极致的供应服务，也使得沃尔玛规模越来越大，营收越来越多。可以说，供应链为沃尔玛带来了巨大的价值与利润。

可见，企业要想创造价值，必须让经营管理与价值流相匹配，要在相应的能力基础上打通供应链。

对供应链的认知，不少制造企业有一个逐渐深入的过程。早期，他们认为研发部门是企业的核心部门，因为核心拳头产品能帮助企业在市场上占有一席之地。后来企业经营者发现，一家制造企业光有产品是远远不够的。酒香也怕巷子深，要想在市场上长盛不衰，营销非常重要，所以企业开始重视营销部门。

这是不少企业在发展早期阶段的普遍认知，他们认为除了研发和销售部门，再没有第三个部门比这两者更为重要。

华为与众不同，在1995年左右，任正非就已经认识到供应链对企业而言十分重要。华为对供应链的投入，远超其他企业。供应链的高投入带来的高回报，为华为后来的高速发展做出了重要贡献。

每隔28.5秒，就有一台华为智能手机下线

2019年1月，《深圳商报》记者受邀到华为东莞松山湖终端生产基地的南方工厂参观防护森严的生产车间。之所以防护森严，是因为这里的生产线是智能化的。

生产车间位于东莞松山湖终端生产基地B区，记者走进正在生产的车间，直观感受手机的生产过程。

偌大的生产车间内整齐地排列着数十条生产线，每条生产线长度约120米，自动化程度较高，作业人员少。在每条自动化生产线上，每隔28.5秒，就有一台

华为智能手机下线。

如此之快的速度体现了供应链创造价值的能力，同时也反映了华为对供应链的重视。

在 1995 年的年终总结大会上，任正非说："想想我们小作坊的 BH03（交换机型号），想想将在龙岗落成的世界一流的交换机工厂；想想物料采购因货款收不回来而付不出款的窘相，再看看我们已甩开膀子实行的国际采购；公司管理从没有规范，到有了初步的生产管理规模，再到正在进行的业务流程重整。历史给予我们十分有益的教育，相信我们永远不会忘记艰苦创业的日子，忘记过去就意味着背叛。"

华为在发展早期就已意识到了供应链的价值，并在之后的发展过程中不断深化理解和应用。正如任正非所说："供应链只有一个，关系着公司的生命，一旦出问题，就是满盘皆输！"供应链的重要性可见一斑。

打开新矿山的钥匙——发掘供应链价值

在早期，任正非认为供应链是不可或缺的部门，是研发和销售部门的补充部门；后来他认为供应链需要进一步在降本增效上做出独特的贡献；之后他又认为供应链的作用不应只有降本增效，还可以实现优质优价，不是研发和销售部门的补充部门，而是一个与其同等重要的职能部门。如今，供应链不仅可以实现降本增效，还可以提质，甚至可以起到创收的作用。

在华为，供应链创收的表现已经越来越多样化。供应链通过打造质量好、外形美观的产品，吸引客户购买，提升产品销售额。供应链还通过模式创新、形象创新等方式提升产品的相对竞争力，比如华为在松山湖南方工厂建立了一个标杆车间，用于对外参观。一大批客户、高校人员和"网红"都来参观华为最新的产品及其智能化制造过程，这使外界进一步了解华为先进的供应链模式，提升了品牌价值，帮助华为扩大了客户基数。

在华为的带领下，产业链上的企业对供应链的认知也越来越深刻，如光弘、比亚迪、长城开发等企业，对供应链的重要性有了进一步的认知。

这些企业纷纷在内部设立供应链 VP（副总裁、首席供应官等职位）或制造 VP 岗位，并赋予该岗位人员重要决策权，让其成为企业管理团队中的重要成员。如此一来，产业链上的企业便能将供应链策略直接融入企业决策，他们的供应链就能直接跟华为进行对接。

自 2019 年"黑天鹅"事件发生后，华为受到了前所未有的冲击，幸好供应链力挽狂澜。这让华为更加意识到供应链应当做得更强、更有柔韧性和连续性，才能打不垮、拖不烂。不少企业也因此受到启发，开始加大力度建设供应链。不仅仅是华为产业链上的企业，国内其他行业（如汽车、新零售等）的企业，都纷纷表示要重点建设供应链。

华为在建设供应链过程中，一是引入更多的供应链人才到决策团队；二是开始主动跟高校合作或自主培养供应链专家；三是让供应链部门参与企业战略制定，让供应链发展作为企业战略的重要部分。

重新认知供应链人才、流程、体系后，华为仿佛发现了一座价值不菲的新矿山。而打开这座新矿山的钥匙，就是在发掘研发、销售价值以外，发掘供应链的新价值。

发展新岔路：产业链垂直整合还是供应链整合

不少企业在成长过程中，往往会遇到成长的天花板——无论怎么努力，营业额不但没有增长，反而有降低的趋势，甚至企业还会破产。

企业在发展早期阶段，通常是因某项独特的优势（技术、产品、成本、商业模式、交付速度等优势）而存在。企业基于这些优势发展到行业规模的天花板后，往往后继乏力。不少企业为寻求破局会不约而同地走到发展的岔路口：是选择产业链垂直整合还是选择供应链整合？

温柔的脐带，冷酷的锁链

产业链垂直整合，是一种提高或降低企业对于其投入和产出分配控制水平的方法，也指企业对其生产投入、产品或服务的分配的控制过程。

说到产业链垂直整合，不得不提到三星。在全球手机品牌中，三星拥有其他企业没有的绝对性优势——产业链垂直整合（也称为全产业链）。

三星智能手机的背后，是它的"母体"三星半导体公司，"母体"通过产业链源源不断地给予三星智能手机硬件支持——摄像头、RAM&ROM（内存＆闪存）、处理器、AMOLED屏幕以及如今的5G芯片。

三星的产业链既是"温柔的脐带"，也是"冷酷的锁链"。人体血管般的产业链布局和强大的自研能力，令三星不仅可以规避自身发展的"威胁"，还能将竞争对手的"生死"牢牢掌控在自己手中。

作为其他手机制造商的硬件供应商，三星比竞争对手拥有更多主动权和话语权，从而进可攻退可守。

产业链成了三星"放肆"的资本，当旗下手机品牌遇到挑战与竞争后，三星便从零部件供货入手，让竞争对手动弹不得。华为就因此吃过亏。

2012年，华为推出了P系列的第一代产品P1，该机采用的是三星Super AMOLED屏幕，分辨率达960像素×540像素，机身最薄处仅有7.69毫米，搭载当时最先进的双核处理器，再加上出色的外观设计和惊艳的屏幕效果，该机发布之后立即引起市场强烈反响。

出人意料的是，该机在上市一段时间后，虽然求购的人不少，但大家都买不到现货。没过多久，风靡一时的华为P1就陷入了无人问津的局面。

华为P1为何会突然折戟？不少业内人士认为，当时三星认为华为P1威胁到了自家产品三星S2和即将上市的S3，于是限制了对华为P1 Super AMOLED屏幕的供应，导致华为P1无屏幕可用，不得不停售。

历史总是惊人地相似，2016年，三星故技重施，减少了对华为Mate 9 Pro系列的屏幕供应，导致华为Mate 9 Pro在后续很长一段时间里无货可卖。此外，当时华为自研的麒麟960性能十分出色，几乎能与同时期的高通骁龙处理器相媲美，然而上市没多久，就被三星"冷酷的锁链"在市场竞争中阻滞了发展的势头。自此，华为CBG开始花大力气改造和升级供应链，继续优化产业链垂直整合。

经历了华为Mate 9 Pro的"卡脖子"后，华为决定突破三星的这种限制，做到不受制于人。于是在不久后，华为就在内部召开了专题讨论会，经过集思广益，得出了一个讨论结果——要想突破三星的限制，必须在产业链上对关键器件做进一步的延伸与平衡。

供应链决定从两个方面入手，一方面是平衡国外的大供应商，另一方面是与国内供应商形成良好协同，在关键器件上做好能力储备。

在国外，万飙带队奔赴韩国，与三星达成相关协议，并在合同上新增处罚条款来避免三星在关键时刻掉链子。与此同时，华为还与LG（乐金）达成了战略合作，形成国外多供方的局面。

在国内，华为开始引进显示屏的国产替代品，通过展示华为对P系列、Mate系列的布局，让京东方等供应商感受到华为对显示屏的需求量之大，他们因而十分有信心地与华为达成了合作。

除此之外，华为针对其他关键部件（如摄像头），充分发挥精益生产和智能制造的优势，启动精密制造体系建设，引入人才，与欧菲光等企业在摄像头等精密元器件领域开展紧密合作。华为建成了其他关键部件的生产线后，还在原有的工艺水平基础上不断进行迭代升级。

通过国外和国内关键器件及关键部件的布局，华为供应链后来在Mate 10 Pro的供应上，有效避免了国外"店大欺客"这种现象，同时与国内厂商形成了良好的协同关系，避免再次被"卡脖子"。

降低成本的利器

20世纪90年代以来，供应链整合一直是美国供应链管理的热点之一。供应链整合是指供应链伙伴之间为了给客户提供更高价值和提升自身竞争优势，从而进行的更高水平的管理方法。

在激烈的市场竞争中，部分企业从"只做销售"逐步转化为"销售+制造"；只做制造的企业开始同步提升物流能力；也有一些企业从采购入手，打造独立的公司或平台，通过这种方式把内部打通，营造自己的内部优势，形成能力外溢。

在亚洲金融危机期间，投资者眼中出现了一颗闪亮的星——7-ELEVEN（7-

11）。这家日本的零售业连锁商，其股票价值增长幅度超过了华尔街的"宠儿"DELL（戴尔）。如今，7-ELEVEN 在全球 17 个国家（地区）拥有超过 65000 家门店，在东亚、东南亚地区处于绝对领先地位。

传统便利店能有如此成就，绝非偶然。对于一个占地面积不大且没有存储场所，每日要提供 3000 多种商品的便利店而言，高频的物流配送是其存活的必要条件。

为让便利店经营免受供应链的影响，7-ELEVEN 先是划分地区和商品群，组成共同配送中心，整合供应链，由配送中心统一集货，再向各店铺配送。7-ELEVEN 在配送中心安装计算机网络配送系统，收集区域内各店铺库存与需求信息，为后续供应商的货物派送提供更加精准的参考。

7-ELEVEN 通过整合供应链，提升了供应链的物流能力，将强大的物流能力作为他们竞争策略的一部分，创造了价值。

我国的企业也在供应链整合上跃跃欲试，如京东，从早期实体店到电子平台，进而以重资产投资物流能力建设，甚至研发物流机器人等物流设备设施，近期开始制造部分品类；万科从房地产起家，将供应链部门独立拆分出去，形成采筑平台，该平台不仅成为万科唯一采购渠道，还利用巨量采购规模，为行业提供服务，优化了采购成本……

"ISC 问题解决了，管理问题就解决了"

如果说产业链垂直整合是一种纵向拉通，那么供应链整合就是横向拉通。无论是纵向拉通还是横向拉通，华为一直在践行。

前文提到的华为与三星、LG、京东方、欧菲光等企业在精密制造上的合作，属于华为在产业链上的纵向拉通。华为供应链从整机延伸到模组、物料，形成了整个产业链在关键器件和关键部件上的供应能力、制造能力、研发能力。

而供应链的横向拉通，是指在供应商管理方面，持续地向一级、二级、三级供应商延伸的过程。一级供应商是指能直接提供整机和原材料的供应商，二级供应商是为一级供应商提供原材料的供应商，三级供应商是为二级供应商提供原材料的供应商。

华为致力于将整机供应商驻厂的能力延伸至三级供应商，让供应商掌握关键物料的制造过程、交付过程和执行过程，进而形成华为供应链过程管理的能力。与此同时，华为还会强化在物料领域的工程技术布局，将生产能力、助产能力、准入准出能力，以及工具方法进一步延伸至各级供应商。比如华为会将芯片、摄像头、显示屏等关键部件的生产延伸至二级、三级供应商，通过模式复制及能力培训，在源头上通过专业设备的工艺布局，帮助他们培养这方面的能力。

1998年左右，华为整体规模扩大，业务发展速度较快。在供应链领域，预测、计划、生产的整条线未整合、理顺，使得华为的及时齐套发货率、存货周转率很低，计划质量不高，采购方式单一，不能满足客户需求。因此，供应链很难做准预测和计划，大量订单发生更改，导致产品交付不及时，采购与产能也难以匹配。

面对此困境，华为重金聘请"企业大夫"IBM做顾问。IBM对华为面临的许多问题做了系统的分析与诊断，给出了IPD、ISC以及后来在市场、财务方面的变革方向。

1999年，华为正式启动ISC变革，将原来分散在各个领域的采购、计划、制造、物流、报关等整合在一起形成了供应链，即集成供应链。对此，任正非表示："集成供应链问题解决了，企业的管理问题基本上就全部解决了。"

华为在2003—2004年完成了整个集成供应链的业务建设，提升了国内业务水平。从这一层面来看，集成供应链的建设是成功的。

在此阶段，华为全面开启国际化进程，同时很快意识到国外供应链存在的问题——供应链仅为以深圳为生产基地的单一的供应网络，供应链组织在国外几乎零覆盖。

如何保证国外运营商的业务发展？如何保障华为在全球及时交付？是否应该有一个全球计划来解决全球订单履行和全球供应网络设计等问题？这一切都是华为需要考虑的。

于是2005年华为开始迅速往外布局供应链，把供应链从国内布局到国外，从To B（To Business，产品面向企业或者特定用户群体）布局到To C（To

Customer，产品面向客户），整合后的整个供应链优势十分明显——交付及时性、制造成本、内部协同效率都得到大幅优化。

在此期间，华为供应链提出了 GSC 项目，主要目标是建设国外供应链组织。建立国外供应链组织的重点是建立区域供应中心，供应中心设订单部、计划物流部、本地采购部和制造部，由此形成一个完善的区域供应链组织。

早期做 To B 时，华为走的是成本优先道路，后来发现自身具有强大的技术优势，因此，华为基于原来做交换机时积累的单板能力，开始延伸到做元器件，最后延伸到做芯片。

To B 领域的手机业务也是如此，华为刚开始做手机组装，后来延伸到做 PCB[①]，再延伸到做摄像头等精密模组，并且都做出了一番成绩。

从实践结果来看，华为在 To B、To C 的全方位发展，都是产业链垂直整合和供应链整合共同加持的结果。也正是因为有了这些优势，华为才能成为同时在 To B 和 To C 领域风生水起的巨量型企业，成为行业标杆。

供应链至上：苹果、三星、华为的共同选择

21 世纪以来，不少科技巨头都不约而同地做了一个选择：把供应链放到非常重要的位置上。这具体表现为两个方面。

第一，他们将供应链的最高负责人任命为首席供应官，并让供应链的最高负责人进入企业的决策层。

第二，他们将供应链职能提升到一个空前的高度，无论是在战略规划或者业务变革，还是在企业内部的价值拉通方面，供应链都有了一席之地。

一时间大家都认为，如果离开了供应链，整个企业就转不动了。事实确实如此，这从苹果、三星、华为的实践中可以得到印证。

---

① PCB，即印制电路板。

"不一样"的苹果

首先来看苹果。大家对苹果获得成功的原因，印象最深的莫过于创始人乔布斯的创造力和对极致的追求。但苹果之所以取得成功，还有一个原因不能忽视：苹果的供应链做得十分优秀。

一方面，乔布斯之后的苹果CEO蒂姆·库克，有供应链背景。蒂姆·库克接任后，改善了整个公司的盈利情况，一举打消了上任之初华尔街对他的怀疑。

另一方面，苹果供应链在业界十分有名，这不仅仅是因为他在Gartner[①]（高德纳）排行榜上的排名，而且从整个制造业来看，他的供应链确实值得大家尊重与学习。

被苹果认证过的供应商是经得起考验的。在苹果的信用背书下，其他品牌与其合作时，通常不再进行验证，而直接使用供应商提供的原材料。

一直以来，苹果产品的质量和性能都十分稳定，其FFR[②]长期控制在2%（卖1000台手机，大约有20台手机存在故障）左右。除了具体的数据评价，客户对苹果产品的评价也十分高，他们认为苹果产品使用十分流畅且稳定。这些良好表现离不开供应链的作用。

从表面上来看，苹果供应链以外包为主。然而苹果在供应链上有着出人意料的高投入。苹果先是加强供应链的人才梯队建设，使供应链与产品研发和销售享有同等地位，每年招聘大量的工程师加入其供应链组织。据了解，苹果有上千名专业的工程师被派往各大供应商和代工厂管控质量和交付。此外，苹果还在各大关键物料的供应商和重要代工厂投入了最先进的生产和测试设备，以保证手机生产过程的稳定和领先。

这似乎与大众眼中的苹果不太一样。不少人以为苹果彻底将手机制造业务外包，供应链力量薄弱。但实际上苹果的供应链布局全面，苹果对供应链有很强的掌控能力。

---

① Gartner是美国一家从事IT研究与顾问咨询的公司。
② FFR，即产品故障反馈比例。

独创方法、破解难题的三星

再来看三星。三星的供应链与苹果虽不尽相同，实力却不落下风。

三星销售体量大，每年以将近 3 亿台的手机销量雄踞榜首，目前居于全球第一的位置。三星的成功与其优秀的供应链密不可分。

首先是供应链垂直整合。三星不仅生产手机，还生产手机零部件，如屏幕、存储、芯片等核心器件，垂直整合布局深入，所以即便供应行情出现波动，对三星产生的影响也较小，因为这些全在三星的掌控范围之内。

其次是产业链垂直整合。三星生产的机型较多，无论是高端机、中端机还是低端机，三星都有涉猎，从而对供应链起到降本增效的作用。

最后是计划控制。三星产品线多，在海量发货中，计划控制往往难以实现。为此，三星在计划控制上做了不少创造性的发明，如 100 大 Rules（规则）、锁排 3 天零变更等，形成业界领先、独具创造性的方法论，一举破解了 To C 领域计划做不准、物料不齐套的难题。

华为：从"手提肩扛"到半自动化，再到自动化、智能化

优秀的企业总有相同的特质，华为与苹果、三星一样，重视供应链的建设。1998 年，华为就将供应链放在了战略的高度，提高了供应链在企业中的地位。

与此同时，华为还安排首席供应官和制造部总裁进入公司董事会和监事会，从内部提升人员能力，从外部引进高量级人才。

怎么引进人才？其中一个方法就是"挖人"。

为挖到合适的人才，华为供应链研发干部曾在某厂的招待所里住了近一个月，别人下班，立马上前搭讪，借机询问对方工作并表明来意，直至将对方收编。

2011 年年底，余承东掌管终端业务后，将诺基亚中国区负责人赵科林招至麾下，对三星的高管更是"围追堵截"。

华为的人才引进帮助其突破了一个又一个困局，创造了无数辉煌历史。超 34 年的高速增长，让华为彻底造就了与同行业企业的待遇鸿沟。久而久之，粮仓效应

尽显，"主动投诚"之人开始超过"被挖墙脚"之人，华为供应链的人才梯队越来越壮大。

不同于苹果与三星，在方法论上，华为敢于对标几乎所有最优秀公司，在制造上对标丰田、博世和西门子，在质量上对标苹果，在安全上对标杜邦，真正做到博采众长，为我所用，用到最好。

苹果大多是 To C 业务，三星大多是 To B 业务，而华为横跨 To B 和 To C 业务领域，供应链更为复杂。但无论是 To B 还是 To C，华为内部都有可以互相借鉴的地方，这是三星和苹果所不能及的。

除了方法论，华为销售体量的崛起速度也比苹果、三星更快。

2011 年，全球智能手机总出货量达到 4.914 亿台，苹果与三星分别以 19% 和 19.1% 的市场份额领跑全球。

一时间，华为上下似乎笼罩着一层挥之不去的乌云，毕竟此时，前五大手机厂商中还没有华为的身影。

在随后的几年里，诺基亚淡出了历史舞台，塞班系统风光不再，虽然苹果如愿以偿地坐上了世界手机厂商的第一把交椅，但最令人兴奋的还是华为手机的表现。

在智能手机野蛮生长的年代，任正非亲自带队在海南三亚开会，寻找终端出路，确定华为消费者业务精神：以消费者为中心。同时余承东临危受命，带队强攻，展开了一场激烈雄壮的市场厮杀战。

在这次会议的两年后，华为便以 4880 万台的智能手机出货量跃居全球第三，并在 2018 年进入手机发货的"两亿俱乐部"，成为继诺基亚、三星和苹果之后的新巨头。出货量从 5000 万台到一亿台，再到两亿台，华为仅仅用了 6 年时间，速度之快，令人叹为观止。

令全球友商更为眼红的是，在接下来的几年里，华为在全球手机市场的份额连续 4 年保持两位数的同比增长率。

华为内部制造快速经历了"手提肩扛—半自动化—自动化、智能化"的变化，可见时间短、任务急，华为面临的压力比苹果、三星更大。

那么后来居上的华为，究竟做了什么才实现了如此惊人、持续的增长？

归根结底，是华为找准了自己的核心竞争力。在华为内部，供应链的能力受众人认可，名正言顺地成为竞争力之一。

故事得从源头讲起，在供应链被视作竞争力之前，研发和营销是华为的主要竞争力。

最开始任正非在一个破烂工厂车间做电信设备，后来互联网大潮兴起，任正非在 1987 年成立华为，并自主研发 PBX（用户交换机）；1990 年，华为开始自主研发面向酒店与小企业的 PBX 技术商用；1994 年华为推出 C&C08 数字程控交换机……

华为靠技术起家，研发理所当然地成了华为最早的核心竞争力。

1995 年，华为提出了"以客户为中心"的口号，营销开始发力。以广告营销为例，当身处喧喧嚷嚷的营销潮流中时，华为便开始意识到广告及互联网的重要性，并果断出击。

华为手机营销打法丰富多彩，具有明显的创新色彩：新产品预约广告出现在头条新闻图片上，户外视频里华为 P 系列又在"重构想象"，会展营销进一步巩固提升了华为的整体企业形象……华为用自己独特的营销组合拳将手机品牌推上了国际化的大舞台。

不久之后，华为便兼顾了 To B 和 To C 业务。To C 业务对产品的交付时间、质量要求很高，为实现快速敏捷、保质保量的交付，华为将终端业务正式纳入公司的战略棋盘。

由余承东带领的华为终端在手机业务上攻坚克难、势如破竹。2018 年前三季度，华为智能手机出货量上升至全球第二名，突破 2 亿台大关，同比增长近50%，较目标提前一年突破了 500 亿美元营收的大关。2018 年后，华为终端用实力证明，供应链已然成为华为的核心竞争力。

任正非说："核心竞争力对一个企业来讲可以包括多个方面，技术与产品仅仅是一个方面，管理与服务的进步远比技术进步重要，10 年来公司深深地体会到这一点。没有管理，人才、技术和资金就不能形成合力；没有服务，管理就没有方向。"将供应链视作核心竞争力，提升供应链管理能力，公司的管理问题基本上就解决了。

除了对外的核心竞争力，供应链岗位人员在华为内部的待遇也独具竞争力。

华为在深圳创立之初，任正非就曾给员工描绘了这样一幅图景："将来你们都要买房子，还要买三室一厅或四室一厅的房子，最重要的是要有阳台，而且阳台一定要大一点，因为我们华为将来要（给你们）分很多钱。"

一开始，所有人都认为任正非是在"画大饼"，但事实证明，任正非的这一承诺并非空头支票。用任正非自己的话说——"我最擅长的事，就是分钱"。

在"分钱"上，华为除了按级别分发工资，还采取动态的股权激励机制，华为员工的收入差距主要体现在奖金和股票上。作为华为的核心竞争力，任正非在"分钱"上没有亏待供应链岗位人员，甚至格外"宠爱"。

一般部门的岗位的奖金系数通常为 1，2018 年以后，华为 CBG 率先将供应链岗位的奖金系数提高到 1.1 ~ 1.2，尤其是比较重要的计划和采购岗位，任正非从未让其吃亏。

2020 年 11 月，华为做出了一个震惊业界的决定——整体出售荣耀手机业务资产，不再持有新荣耀公司的任何股份。

众人都对荣耀这颗"弃子"感到唏嘘不已，对其发展感到担忧。然而在次年 3 月底，荣耀正式宣布公司各方面业务整合已全面完成，并且员工数量增至 8000 多人。

荣耀之所以能活过来，离不开其背后的男人——万飚。

在华为召开的新荣耀股东会议上确定了新荣耀的人员安排，多位华为管理层人员空降至新荣耀，其中就包括曾在华为供应链身兼数职（包括消费者业务首席运营官、集成交付管理部部长等）的万飚。

万飚出任新荣耀董事长是众望所归，自华为被打压以来，供应链的作用越来越明显，华为的 ISC 变革体系也越来越完整。有供应链背景的万飚，懂供应链管理方法，有核心竞争力，带领新荣耀走向成功充满希望。

端到端：华为供应链研产销的价值贯通

在讲华为供应链的端到端拉通之前，我们先来看华为的老师 IBM 的故事。

IBM 的"铁血宰相"，砸掉部门墙

1993 年，IBM 是全世界最复杂的公司机构之一，其规模庞大、业务分布范围广，一度让 IBM 高层理不清其中的头绪。

IBM 内部组织为二元结构，一个是产品事业部，负责基础技术的处理；另一个是拥有实力的海外（美国本土以外）分部，负责海外业务的扩张。

为争夺各自利益，两个部门使得 IBM 内部硝烟四起：产品事业部自主发展，不再顾及海外分部客户需求，而海外分部想将海外销售全部所得占为己有。

这种官僚主义的风头正劲时，郭士纳来了。郭士纳接过 IBM 的权力之柄，担任董事长兼首席执行官。

新官上任三把火，郭士纳上任后做的最引人注目的一件事，就是砸掉"部门墙"。

拥有"铁血宰相"之称的郭士纳半年内裁员 45 万人，改变部门结构，拓展业务范围。在 1994 年年底，IBM 获得了自 20 世纪 90 年代以来的第一次赢利——30 亿美元的利润。

正当郭士纳重振 IBM、载誉无数时，他迎来了一位来自中国的学生——华为总裁任正非。

砸掉"部门墙"，实现端到端价值拉通

任正非参观了 IBM 后，对其浴火重生印象深刻。回到深圳总部后，任正非聘请 IBM 顾问，对华为进行彻底改造。

经过 10 年变革，2007 年的华为管理基础和控制平台已改造完成。但随着华为的快速扩张，部门之间总是不可避免地出现新的"墙"。

企业内部官僚习气严重、沟通不畅、资源调配不到位、研发周期长、实施步调不一致等问题凸显。为了避免有朝一日和过去的 IBM 一样动弹不得，在华为经历了 2008 年金融危机后，任正非决定亲自挥锤，砸掉"部门墙"。

"谁来呼唤炮火，应该让听得见炮声的人来决策。而现在我们恰好是反过来的。机关不了解前线，但拥有太多的权力与资源，为了控制运营的风险，自然而然地设置了许多流程控制点，而且不愿意授权。我们要积极地从改革前方作战部队开始，加强他们的作战能力，要综合后方平台的服务与管理，非主业务干部要加强对主业务的理解，减少前后方的协调量。"在 2009 年的一次内部会议上，任正非这样表示。

在此之前，"部门墙"就已存在于华为的各个领域，华为供应链也不例外。因此，砸掉"部门墙"，对华为供应链的发展意义非凡。

"部门墙"普遍存在于各企业的供应链中。笔者曾听过这样一个故事，一位做采购咨询的顾问到北京一家企业做供应链优化。这家企业是生产、销售远程医疗诊断设备的，其产品、技术在业内排名第一，具有较强竞争力。

然而令顾问没想到的是，这趟北京之旅却成了他记忆中最惨痛的一次咨询经历。在咨询现场，企业总监们话不投机，甚至拍桌子破口大骂，差点打起架来。

按照正常的咨询流程，顾问应先与最接近客户的销售部门沟通，当谈及"企业供应链的最大问题是什么"时，销售人员表示生产部门经常延迟交付，有时甚至会延迟 6 个月。

顾问接着追问延迟原因，销售人员说主要有两个原因：一是研发部门没有及时研发产品，迟迟无法量产；二是生产部门没有及时将产品生产出来。

研发部门的主管听后十分气愤，对顾问说："别听这帮销售人员胡说八道，我们研发出来的产品销售人员不努力卖，每个项目总要求在很短的时间内量产，可量产后又不努力卖了。"

销售人员思索了一会儿表示："研发部门的问题占 20%，生产部门的问题占 80%。"

生产车间主任一听这话，开始向大家抱怨："你们太不了解我们的生产方式了，每换一条生产线都需要很长的调试时间。所以我们为了降低生产成本，选择批量生产。现在公司仓库里堆的都是生产出来的产品，但是销售人员不想卖，他们总想卖那些没生产出来的。"

听完生产车间主任的话，顾问发出疑问："客户下了定金的订单是不是要生产出来？"生产车间主任接着解释："如今我们想安排生产也没有条件，因为已经没有原材料了。"

矛头又转向了采购部门，采购部门抱怨、解释半天，又将矛头指向了财务部门。最后这名顾问惊奇地发现：这家企业的供应链刚好形成了一个抱怨的闭环。后来了解到，这几个部门的负责人大多是公司的股东，因此他们各成派别，互不合作，部门之间形成了一堵堵厚厚的墙。

这是一个很典型的研产销协同问题，也就是我们常说的供应链管理问题。这种问题也曾在华为供应链内部出现。

2016 年，华为 CBG 供应链连续组织多次供应链各环节的拉通研讨会，会上各部门吵得不可开交。

采购部门和制造部门抱怨计划部门不靠谱，频繁变更计划；计划部门则表示 To C 的产品需求本就不稳定，同时制造部门的"爬坡"速度太慢，要货时跟不上，等到产能资源到位时，产品销量都下降了；订单部门则强调手机生命周期越短，就越要抢占首批上市的机会……

这些现象的产生，无外乎是研发、生产、销售间存在"部门墙"，没有相互拉通，实现研产销的核心价值。

面对这样的情况，华为有独到见解：打破"部门墙"，通过端到端地拉通供应链来实现研产销的价值。

什么叫端到端？华为在 20 世纪 90 年代末做 ISC 变革时，就提出端到端是指从客户中来，到客户中去，整个流程包含客户需求收集、计划、采购、制造、物流、交付等环节。2015 年，华为发起 ISC+ 变革。该变革打破了原有供应链的线性结构，砸掉了"部门墙"，帮助华为供应链提升了运作效率。

供应链在端到端的拉通上具有得天独厚的优势，供应链能直接从客户那里承接需求，将产出的产品交到客户手中，所以供应链跟研发、销售的协同具有天然优势。

在早期，华为成立过端到端的项目组，后来供应链在 To B 领域通过项目实现端到端拉通，并产生了专有的统筹部门。

什么是统筹？试想如果要泡一壶茶喝，在没有开水、水壶和茶杯未洗、火已生、茶叶已备的情况下，你会选择哪种工序？

是先洗好水壶，灌上凉水放在火上烧，中途穿插着洗茶杯？还是先做好准备工作，等一切就绪后再灌水烧水？

哪一种方法更节省时间？很显然是前一种，这种合理安排工作进程的方法叫作统筹。

华为将华罗庚所讲的这种统筹方法运用到供应链中，设置统筹岗位，让统筹全面拉通从客户中来、到客户中去的交付，拉通研产销。

因为研发、销售都要有产品供应链，才能把产品交到客户手中。所以除了设置统筹岗位，华为供应链在进行变革时会拉着研发部门和销售部门一起参与。

经过反复的循环训练，研产销的拉通在华为内部渐渐成了"习惯"。每当跟供应链或研发部门谈一件事情，研发部门便会问供应链部门的观点；跟销售部门谈一件事情，销售部门也会问供应链部门的看法。

供应链喊出的"只有接不回的单，没有交不出去的货"这句口号，也并非吹牛。

这是因为华为供应链明白，只要能接到订单，华为就能通过供应链将内部的流程打通，并构建出其独特的竞争优势。无论是在成本上，还是在交付周期上，华为都可以很自信地通过所积累的体系能力把货交出去。

在交付过程中，华为供应链还在不断迭代其优势，让成本变得越来越低、周期变得越来越短，进而助力销售部门去赢得更多的订单。

所以后来华为供应链进一步提出：供应链的价值不仅是降本增效，还有提质创收。经过不断的迭代更新，华为供应链在公司中越来越重要。

第 **3** 章

华为供应链的前世今生

"它的崛起，是外国跨国公司的灾难。"

这是 1999 年英国经济周刊《经济学家》对华为的评价。如今，华为已经是全球第一大通信设备制造企业。

在短短 30 多年时间里，华为从一家无背景、无资金、无技术的民营小企业，发展成为连美国都忌惮三分的巨无霸。

2021 年，《财富》杂志世界 500 强排行榜发布，华为在逆境之下的排名仍然实现了上升，从 49 位上升至 44 位，成为仅次于亚马逊、苹果、三星、微软这些顶尖高科技公司的中国企业。

在业务规模上，华为远超诺基亚、爱立信、思科这些曾经的行业老大，也做到了青出于蓝而胜于蓝——超过了老师 IBM。

峥嵘三十载，华为遇到了哪些供应链管理问题？华为又是通过怎样的变革与学习，将服务支持的供应链转变为价值创造的供应链？这一切得从 Gartner 榜单说起。

自主创新：从不上 Gartner 榜单的华为供应链

之前笔者在华为工作时，某天和业内一位朋友探讨供应链相关问题。谈话中，他问：为什么全球最具权威的 Gartner 榜单上，每年都没有华为的名字？是不是华为的供应链实力不行？

笔者无奈地笑了笑，对他说："华为不在乎这个排名，只想着怎么打造钢铁供应链，为客户提供最满意的服务。"在供应链专业服务方面，华为供应链不逊于任何一家公司。

业界有不少人像这位朋友一样关注 Gartner 榜单，将 Gartner 榜单的排名作为企业供应链实力的象征。

什么是 Gartner？ Gartner 是全球最具权威的 IT 研究与顾问咨询公司之一，成立于 1979 年，总部设在美国康涅狄克州斯坦福，其研究范围覆盖全部 IT 产业。在供应链领域，最受关注、最被认可的榜单是 Gartner 已连续发布近 20 届的"全球供应链 Top 25"榜单。

2022 年，Gartner 发布了"全球供应链 Top 25"榜单，以此彰显哪些企业在供应链方面能力最强。榜单显示，思科连续 3 年位居榜首，其次是施耐德电气、高露洁棕榄、强生和百事可乐。

为表彰持续卓越的供应链企业，Gartner 于 2015 年推出"大师"级别的榜单。要进入该榜单，在过去 10 年里，综合得分达到前五名的年数要不少于 7 年。亚马逊、苹果、麦当劳、宝洁和联合利华则是该榜单中的标杆企业。

除此之外，在 Cartner 2022 年"全球供应链 Top 25 和大师"榜单上，我们还可以看到我国的联想和阿里巴巴两家企业的名字。联想第 8 次上榜，位列 2022 年榜单第 9 名，阿里巴巴位列第 25 名。

有意思的是，供应链实力强大的华为却从来不上 Gartner 的榜单。

到底是 Gartner 没有将华为纳入调查范围，还是华为不想"凑热闹"？我们虽无从考证，但是可以从 Gartner 榜单的评分标准中窥探一二。

未上榜的"真相"

入围 Gartner 榜单的企业须满足硬性条件——年收入超 120 亿美元，同时是进入《财富》全球 500 强或福布斯全球 2000 强的制造商、经营商和零售商。

显然，华为符合相关标准。那么问题出在哪里？根据相关介绍，Gartner 此次排名的评分标准有 6 个指标，最终根据这 6 个指标的得分得出综合得分。Gartner 榜单评分标准如表 3-1 所示。

表 3-1　Gartner 榜单评分标准

主要项目	具体项目	权重
商业数据	库存周转率	5%
	收入增长	10%
	ROPA（有形资产收益率）	15%
	ESG（环境、社会、企业治理）组成部分	20%
主观评价	同行意见	25%
	Gartner 研究意见	25%

针对此次排名，Gartner 表示大师级企业和前 25 名企业适应了四大宏观趋势：

首席供应链官担任首席生态系统官；

自稳定供应链；

在更广泛的可持续性议程方面取得进展；

以人为中心的数字自动化。

从宏观来看，Gartner 榜单的评分标准无大不妥，既有主观意见的评判，又有客观数据的加持，是科学合理的。但是从微观来看，该评分标准并非完美无缺。六大评分指标，相对于复杂的供应链而言，显得有些单一。例如反映供应链客户需求响应速度的指标、质量相关的指标等都未体现在评分标准中。

Gartner 向来比较青睐西方快消品领域的一些知名度特别高的企业，对于其他行业考察得相对较少。比如国内的格力、京东，这些供应链综合实力较强的标杆企业，也未在榜单中。以京东为例，京东零售掌握着近 500 万个自营商品，库存周转天数为 34 天，供应链管理能力已经达到了世界级水平。

京东借助智能决策技术持续提升供应链能力，自营商品库存周转加快，运营效率始终保持全球领先。2021 年"双 11"期间，京东平台上 31 个品牌销售额超过 10 亿元，中小品牌新增数量同比增长超过 4 倍，4.3 万个商家成交额增长 2 倍以上。这些成绩离不开京东智能供应链每天给出的 46 万条补货和调拨决策。

虽然华为没上榜，但事实告诉我们，以华为为代表的中国企业，在经过了历年对西方先进管理思想和中国管理实践的学习后，已经走出了一条新路。在这条新路上，华为和后来者们走得稳、走得快、走得卓越。

不以排名论英雄

一个排名真有那么重要吗？

在某些人看来，相较于我国的榜单，Gartner 榜单的数据更为精准。但对于未入 Gartner 榜单的企业，我们不能将其一竿子打死。

这就像一名年轻人参加考试一样，虽然未名列前三甲，但并不意味着这名年轻人智商不高、能力不行，可能只能说明考试考查的范围不是年轻人所擅长的领域，加上考查时间的限定，所以这名年轻人所具备的真实素质并不能完全展现出来。

华为供应链就像这名年轻人一样，他非常低调，本身也并不在意排名。

那么相对于 Gartner 榜单上的企业而言，华为的真实水平是怎样的？

2018 年，华为的库存周转天数为 30 天，其统计时囊括了制造流程中的在制库存、EMS 代工厂等。苹果的库存周转天数是 9 天，仔细研究，我们会发现它并没有包含代工厂的库存这部分。就这一项指标而言，Gartner 榜单上的企业与华为就缺乏可比性。

再比如，华为的计划模式采取了 ATO（Assemble-to-Order，半成品驱动）、MTO（Make-to-Order，订单驱动）和 STO（Stock-to-Order，库存驱动）相结合的方式。从目前来看，这种模式比较实用，相对灵活，能同时适应大批量生产和批量个性化定制。显然苹果采用的是 STO 模式。

从运作实际效果来看，华为供应链对整个企业经营所起的作用绝不亚于Gartner 榜单上的其他企业，甚至有过之而无不及。

从 2015 年以来，华为手机的年发货量从 1 亿台暴增到 2.5 亿台，华为供应链持续发挥良好的状态，尤其是 SMT（Surface Mounted Technology，表面贴装技术）产能，成为当之无愧的第一买主。同时，华为每年的交付都没有掉链子，所以供应链才敢喊出"只有接不回来的单，没有交不出去的货"的口号。

在业界，华为的研产销协同程度领先其他企业。华为手机在 2015 年采用了线上线下相结合的模式，发货速度快于以往。原来从客户下单到收货的时间为 6 ～ 7 天，后来客户下单后第二天就能拿到货。

华为的产品更是令人称赞，成了高品质的代名词。华为手机已成为大众所喜爱的产品，更成为企业之间互相送礼的优选产品。

综上，华为不上 Gartner 榜单有行业选择的原因，也是自身低调的表现。对于华为而言，榜单排名已然不再重要，走出一条属于自己的新路，就已足够。

征途漫漫：进击的华为供应链

华为供应链业务的演变过程与华为公司的变革过程大致对应，30 年前，华为供应链底子很薄，技术、人才、资金都十分匮乏，可谓一穷二白。

华为深知，征途漫漫，唯奋斗者进，唯自强者胜。

回顾华为供应链的前世今生，就会发现华为供应链成长得十分不易，历经曲折，经过持续不断的"打怪升级"和自我迭代，才有今天的江湖地位。

痛则思变，启动 ISC 变革

华为供应链变革历程中，曾发生过一个著名的"两双皮鞋"的故事。1998 年，华为进行 ISC 变革之前，由于业务发展速度快，容易发生订单质量不高、大量订单发生更改等问题。

为解决该问题，华为专门成立了"发正确货"的小组，由公司一位副总裁担任小组组长。组长领导供应链同事进行内部优化，初步建立流程制度和 IT 系统。但由于当时预测准确性较差，生产计划很难做准。任正非发现，仅从供应链内部进行优化是很难解决问题的。

在 ISC 变革之前，华为越来越感受到供应链在支撑公司业务上的吃力。

1998 年，华为业务快速扩张，销售收入已经高达 89 亿元，并开始向东亚其他地区、非洲、中东、欧洲、南美等地拓展市场。

由于业务发展速度太快，华为几乎每天都面临"做鞋赶不上脚长，天天忙救火"的状况：客户需求无法预测、生产计划做不准、产能不匹配、订单无法及时交付……尽管华为整体销售额呈增长趋势，销售利润却在下降。

如何提升供应链的整体运作水平，应对业务爆发式的增长，成了摆在华为人面前的一个难题。

痛则思变，任正非前瞻性地意识到，华为要想缩小与世界级领先企业的差距，必须要变革供应链，如同 IPD 变革一样。

但在实际变革中，任正非发现，与 IPD 的变革相比，ISC 的变革面临的挑战要多得多。这是因为 ISC 变革的覆盖范围更广，既包括华为内部的计划、订单、采购、销售、制造、物流和研发等多个业务系统，还涉及外部的客户和供应商。

困难从来都是更大胜利的前奏，挑战更是坚强队伍的磨刀石。

华为重金邀请 IBM 顾问指导变革，在项目前期，IBM 顾问建议华为重新设计流程和 IT 系统。华为重新设计了五大流程，即销售流程、计划流程、采购流程、生产流程和交付流程，从而理清每个流程的角色和职责，建立关键绩效指标以评估效果。

基于 ISC 流程再造的要求，华为按照 IBM 顾问的建议，对公司组织架构进行了调整，合并重组生产部、计划部、采购部、进出口部、认证部、外协合作部、发货部、仓储部，并成立计划、制造、质量、采购、物流、订单履行等部门。在公司层面上，华为成立了供应链管理部，由公司高级副总裁担任部门负责人。

与此同时，ISC 变革要求 IT 系统与流程同步运作，于是华为将原来分段作业的 IT 系统改造成集成的供应链 IT 系统。

为缩小客户需求和供货能力之间的差距，华为集成销售预测与运作计划，打通了供应链与销售的运作体系，以满足采购计划、发货计划和生产计划的要求。

经过研究和论证，IBM 顾问认为华为的核心竞争力在于技术领先和市场优势。华为只要在供应链管理过程中牢牢握住核心竞争力，其余非核心部分可以推行生产外包。

通过以上一系列的变革，华为 ISC 的业务建设于 2004 年基本完成。经历了"冬天"，华为迎来收入大幅增长。早年运营商市场"七国八制"的格局也被彻底打破，不少竞争对手纷纷衰退，华为却凭借变革后的供应链越来越强大，昂首阔步地走在国际化道路上。

被逼出来的 GSC 变革

华为产品供应国外的周期较长，越来越难以及时响应国外客户的需求；

深圳坂田基地的生产能力扩展有限，越来越难以支撑剧增的产能需求；

国外市场业务大规模扩张后，各地税收、商业和海关政策都不相同，难以应对；

……

当华为全面进军国外市场时，供应链面临的全球交付压力陡增，这倒逼华为供应链再次变革。

有了 ISC 变革经验，华为推行 GSC 变革时更加从容。2005 年，华为正式提出 GSC 项目，目标是要将 ISC 的流程、IT 系统和组织等推广到国外，从而建立国外供应链网络，实现华为供应链的全球化。

在 GSC 项目中，华为首先做了全球的网络设计，并均衡了全球供应链的运作。华为在全球设立了 5 个供应中心，分布在中国、墨西哥、印度、巴西和匈牙利。同时，华为还分别设立了位于中国、荷兰、阿联酋的 3 个重要区域物流中心。在采购领域，华为设立了 5 个采购中心，其中 3 个分别分布在美国、日本和德国，另外 2 个分布在中国。

为端到端地打通国外订单和物流的交付，华为选择了国际上最好的第三方物流。同时，当地一些小的物流公司，在通过华为代表处认证后，华为会安排其负责从当地的海关到一些基站的站点运输，让国外交付变得可靠。

在全球计划体系上，华为将高级计划与排产系统扩展到全球，通过计划与排产系统整合所有的需求预测、计划排产和库存信息，打通了信息系统，提升了全球计划的准确度。

在推进本地化生产、提升全球制造能力的过程中，华为在欧洲等地，与世界排名靠前的 EMS 工厂合作建厂。本地工厂归属于供应中心，为及时交付奠定了坚实的基础。本地工厂雇佣工人的数量较大，也宣传了华为的品牌。

不同国家（地区）的税收、商业和海关政策存在差异，GSC 变革前，华为在签订合同后交付也是困难重重。为解决该问题，华为供应链联合财务部门，推行国外 ERP（Enterprise Resources Plan，企业资源管理），提高了国外业务后台的运营效率。

打不垮、拖不烂的钢铁 CBG 供应链

在 2010 年 12 月 3 日这一天，华为内部召开了一次十分重要的干部座谈会。任正非、郭平、余承东等华为高管和终端团队的 200 名骨干成员都出席了此次会议。这次会议的主题是：做事要霸气，做人要谦卑，要遵循消费品的规律，敢于追求最大的增长和胜利。

在这次会议上，任正非对终端业务进行了重新定位，对终端业务方向做出以下 3 个调整：

在产品上，从低端手机转向高端手机；

在市场上，从无品牌转向自主品牌；

在用户重心上，从运营商转向消费者。

如今再回顾，会发现这次会议无疑是华为终端业务的一次重大转折点。

事实上在这次会议之前，华为终端业务已经存在多年。

从具体时间点来看，华为终端业务的实际起点是 2003 年。那时，华为刚成立手机研发部，随后不久，就成立了终端公司。

终端公司成立时不足百人，其中供应链部门不超过 20 人。时至今日，终端公司供应链部门已发展到约 1000 人，形成了一支功能完整、有成功作战经验的队伍，支撑着华为手机年发货量超过两亿台，销售额超过 500 亿美元的成功。

华为终端公司成立之初，CBG 供应链部门名为终端供应部，因为当时采购、运输等环节还在泛网络供应链。当时的 CBG 供应链还不是端到端全覆盖，因此只能叫供应部。

实际上，早期 CBG 供应链缺的不止两个环节。自成立以来，CBG 供应链面

临着"底子薄、能力弱"的困境——资源不足、无固定办公场所、缺乏专业性人才，与当时的"老大哥"泛网络供应链相比，差距很大。

即便如此，CBG供应链也没有因为基础差而自暴自弃，而是"身段"更为柔软，作风更为坚韧。一方面，CBG供应链依托大公司平台，主要是采购和运输平台；另一方面，CBG供应链发扬华为人敢打敢拼的精神，对内提升自己的专业能力，对外不断获取资源、引进先进方法和工具，获得了长足的进步。

更重要的是，CBG供应链背靠华为这棵大树，有大公司平台资源的优势。由于终端公司是独立的，因此具有创业公司的快速灵活、决策链短的特点，没有染上"大公司病"，同时与手机等终端产品的特点相结合，形成了独有的短、平、快、高度灵活以及重结果的工作风格。

早期，CBG供应链埋头苦干，到处拜师学艺，对标苹果、三星，请教产业链下游的各类代工企业，敢于学习一切先进事物，博采众长。

2006年，终端公司开始将ERP系统进行独立运作。基于泛网络的ISC变革成果，CBG供应链成立了专门的流程优化项目组，开展流程活动盘点，全面梳理出适配终端的供应链流程架构和流程文件，并初步建设订单系统、物流拣料系统和发货系统。

进入2008年，CBG供应链业务开始调整，清除端到端交付在组织上的盲区和断点。采购部门从平台被划入终端供应链，与终端业务相关的运输清关业务虽然还保留在泛网络公司，但是被整合成独立的部门，专门支持终端业务。由于数据卡等业务的壮大，CBG供应链认识到计划和订单的重要性，着手改善计划、订单业务流程和模式。

2009年上半年，原终端供应部与采购部等部门整合，成立终端集成交付管理部，作为端到端的CBG供应链管理部门。组织整合以后，CBG供应链又开始进行进一步的业务变革。

这一次CBG供应链受到日本料理回转寿司的深刻启发，回转寿司的特征是食物伸手可拿，不用留太多库存，客户体验佳。计划相关部门启动"3+3"模式，实施半年S&OP（Sales & Operations Planning，销售运作计划）：前3个月的计划要求做到准确，后 3 个月的计划作为预测参考。

订单相关部门改善订单承诺和履行流程，全面建设境外交付组织；物流领域开展收存发的效率改进，重点推进物流费用降低以及打通物流运输最后一公里等工作。以回转寿司为依托的业务变革打开了主动改进的窗口，CBG 供应链开始全面总结终端产品和行业特点，这为以后形成独立的 CBG 供应链管理体系奠定了坚实的基础。

2013 年年底，终端公司引进一位原索尼爱立信全球集团副总裁及运营总裁担任华为消费者业务集成交付部总裁，其全面负责华为终端产品的集成交付业务，包括全球采购认证、集成计划、生产制造、订单管理、物流交付等。

外籍高管上任以后，开始推进名为蓝海项目群的供应链变革（以下简称蓝海变革）。蓝海变革主要是在计划领域推行 APS，优化 S&OP 能力；在订单领域推行 ATO 模式，订单承诺全流程可视化，以及优化合同处理流程等。

随后，华为内部发生了两起三星屏幕断供事件，华为终端决定启动 CISC（Consumer Integrated Supply Chain，终端业务的 ISC）变革。CISC 变革的思路是建设主动响应的供应链，从内部集成扩展到外部集成，致力于打造手机产业生态链。与此同时，CBG 供应链在计划环节推行大数据和智能排产，在物流环节全面推行智慧物流，在制造环节实施智能制造，目标是全面变革，从硬件牵引变为技术牵引，最终实现管理的领先。

2015 年，华为手机实现全球出货量 1 亿台，历时 355 天；2016 年达成该成绩，历时 287 天；2017 年历时 254 天；2018 年历时 198 天；2019 年历时 149 天……

从这些数据来看，华为手机实现 1 亿台出货量所用时间越来越短，从将近 1 年缩短为不到半年，CBG 供应链用不到 5 年的时间向华为提交了一份漂亮的成绩单。

与此同时，华为终端还帮助华为经受住了"5·16"事件的艰难考验，构筑了名副其实的打不垮、拖不烂的钢铁供应链。

华为终端钢铁供应链崛起后，华为供应链仍在持续变革，因为它肩负的使命就是降本增效，提质创收。正如任正非所说："我们就是一条路、一根筋，就像爬雪山一样，慢慢往上爬，一旦爬不动了，滑下来一下，然后又继续往上爬，总有一天会爬到山顶。"

唤起"第二春"：供应链于华为终端的战略意义

华为内部有一个说法——华为终端的崛起就像华为"第二春"。贴切的形容，反映了华为终端的崛起确实具有非常重要的战略意义，尤其是华为终端崛起带来的品牌知名度的提升，使得华为从过去比较专业的电信领域一举进入消费者领域。

从零起飞：崛起的终端

在华为成立 7 周年、销售收入仅 8 亿元之际，任正非就大胆地提出："10 年之后通信行业三分天下，华为必有其一。"在推行 ISC 和 GSC 变革后，华为在 2008 年，以 183 亿美元的销售收入，在全球通信设备市场上超越了阿尔卡特 - 朗讯、北电网络、摩托罗拉，与诺基亚西门子、爱立信三分天下。

在实现三分天下的目标后，一位高管对任正非说："任总，现在我很迷茫，10 多年前三分天下的目标我们已经实现，下一步华为的目标又是什么？"

任正非当时并没有立即回答他，在 2011 年 1 月 17 日的市场大会上，任正非首次提出华为的新目标——超越美国。

"在通信行业我们要追赶超过他们，在信息领域为什么不能全面超越美国呢？我们提出了新的历史使命，在信息领域与美国公司正面竞争。"任正非在会上如此说道。

要想超越美国，华为就必须踏踏实实做有限的事情，有所为，有所不为，在针尖大的领域领先美国公司。

于是，任正非提出了针尖战略，将"超越美国"的战略目标具体修改成"有效增长，和平崛起，成为 ICT（Information and Communication Technology，信息和通信技术）领导者"。

为实现该战略目标，华为在 2011 年年底的三亚会议上，提出了"端管云"的概念，决定打造华为终端三大业务"军团"组织。

"端"是 CBG，面向消费者经营手机等终端业务。

"管"是 CNBG（Carrier Network BG，运营商业务部），面向中国移动等运营商经营通信设备业务。

"云"是 EBG（Enterprise BG，企业事业部），面向企业经营基础网络、企业通信、数据中心、行业应用等产品解决方案，并提供基于云计算技术的数据中心解决方案。

"通过匹配客户需求，建立面向 3 个客户群的 BG 组织，以适应不同客户群的商业规律和经营特点。BG 面向客户，针对其需求、痛点和面临的挑战，整合公司内部的各种资源，为其提供创新的、领先的、差异化的解决方案，帮助其实现商业成功，并使其能够以更简单的方式与华为做生意，持续提高客户满意度。"任正非在致全体员工的一封信中这样写道。

事实上，在华为内部，终端很长一段时间不受"待见"，始终是附属业务。华为终端在独立之前被称为手机产品线，给泛网络做配套业务。2003 年，手机产品线独立出来成立了手机业务部。一年后，手机业务部改名为华为终端公司，至此华为 CBG 供应链正式成立。

但在三亚会议召开之前，终端没有被立即重视。在充话费送手机的年代，华为终端与许多厂商一样，聚焦于做运营商定制手机的业务。终端业务旱涝保收，日子过得也算滋润，但始终找不到爆发的节奏。

三亚会议后，华为终端决定要打造自有品牌，从 To B 向 To C 转型，泛网络的 To B、终端的 To C 两条供应链并行运作。该决策一径宣布，引发众人议论，不少人不理解也不相信华为的自有品牌战略能成功。

毕竟在当时，没有一家公司能够打破 To B 和 To C 难以兼顾的魔咒。曾经的通信巨头诺基亚和摩托罗拉都雄心勃勃地尝试在终端和设备两个方面齐头并进，但都以失败告终。

华为不惧世俗眼光，认为如果只按运营商定制的老路子走，消费者的体验就永远得不到提升。为打造全球消费者喜爱的品牌，华为誓不回头，在三大业务的基础上踏踏实实朝着目标前进。

但牵一发而动全身，战略的改变，在短期内很难被运营商客户理解，这必然带来大量运营商定制手机业务的流失。当华为宣布打造自有品牌后，有两家欧洲顶级跨国运营商立即采取了抵制策略，拒绝销售有华为标志的手机，导致当年华为国外运营商渠道的智能手机销售量急剧下滑。

在"端管云"战略的加持下，To B 和 To C 业务两开花，虽然初露峥嵘格局，但最终还是未完成年度目标，全年销售额距目标差了 2 亿多美元。

战略转型只是第一步，产品和供应链的转型才是更需要落地的下一步。只有这样，才能驱动创新的轮子载着华为终端攀登更高的山峰。

为推销华为中高端机型，作为华为终端的高管，余承东曾做过"导购大叔"。无论是遇到业界朋友，还是遇到媒体，余承东都会掏出口袋里的第一款华为旗舰机——Ascend P1，进行介绍与展示。

Ascend P1 上市后，虽然口碑不错，但销量不高。与 P 系列一起研发出来的还有 D 系列，该系列面向商务人士，追求更极致的性能。但由于该系列上市和交付都延期了，销量不高，加上海思 K3V2 一直有的发热问题，对客户体验而言，更是雪上加霜。

华为愈败愈战，越挫越勇。后来在 P 系列和 D 系列的基础上，华为推出了 Mate 系列。这种"摸着石头过河"的做法，让华为开始摸到门道。

2014 年 9 月，华为推出了拥有 6 英寸（1 英寸 =2.54 厘米）超大屏幕、完美的全金属机身和超高屏占比、强劲性能和超长续航能力、一触式按压指纹功能的 Mate 7。这款机型，一上市就受到了客户的热捧，最终出货量超过 700 万台，并帮助华为一举站稳 3000 元价位，一站成名！

因为需求快速增加，华为手机销售对象大幅扩展。Mate 7 上市后不到一周制造出来的成品就售罄了，一机难求。当时不少华为员工"失散多年"的同学旧友都突然与他们恢复了联系，通常聊天的第一句就是"能不能帮忙买到 Mate 7"。

Mate 7 上市之前，计划部门报了 200 万台的需求量，当时我们还担心这款机型的首月首销能否卖到那么多。出人意料的是，Mate 7 在市场上卖"爆"了。

Mate 7 的上市正值 2014 年的国庆假期，那时笔者在赶回老家的途中，晚上 9 点接到了订单部门一位经理的电话，他说："现在 Mate 7 卖疯了！订单太多了！订单需求不断增加，原本的计划可能不行，需要你尽快回来调整优化。"

时间紧迫，笔者快速召集相关人员进行线上会议。在会上，我们从几个维度进行了相关的安排。首先是物料的准备，我们从关键物料（显示屏、摄像头、芯片）来审视当时的供应能力。其次是扩展生产线，启动富士康、伟创力以及自制工厂，评估我们现有的产能是否能满足 Mate 7 的订单需求。

除此之外，我们安排相关人员在国庆节期间加班，并给予加班人员补贴；对于 NPI、负责量产和保障质量的人员，出台了工程保障方案和质量快速爬坡的保障方案，确保一旦出现问题，供应链中有人能快速支撑与解决。与此同时，我们提前对夹治具、设备进行检查，避免生产过程中出现故障。

假期结束后，我们发现 Mate 7 的订单需求"更上一层楼"，于是我们开展全面盘查，迅速拉通前后端，同时在 S&OP 的会议上做了专题报告，将计划需求量从 200 万台提升到 300 万台再提升到 400 万台。最终，在所有人的共同努力下，Mate 7 的出货量高达 450 万台，与原来的计划相比，多了一倍多。

从市场需求、产品功能以及供应保障来看，Mate 7 成了名副其实的"爆款"，一举击败了三星、苹果当时发布的手机，成了华为手机单品历史上的一个重大转折点。

2016 年，华为终端凭借 Mate 系列和 P 系列手机在国内市场进一步扩大了领先优势，国外市场增速首超国内，尤其在欧洲实现了规模翻番的高速增长。

华为与荣耀双品牌在 2017 年并驾齐驱，坚持精品战略，实现全球规模化发展，合力形成全价位明星产品的超强矩阵，大大提升了客户满意度和忠诚度。

2018 年是华为终端公司崛起的元年，前三季度，华为智能手机出货量上升至全球第二名，同比增长近 50%，突破 2 亿台大关，较目标提前一年突破 500 亿美元营收的大关。

这一切的成绩离不开华为供应链的支撑。

甘做幕后英雄的供应链

所谓沧海横流，方显英雄本色。实际上，供应链在华为扮演的角色就是幕后英雄。

回顾华为终端的发展历程，我们可以找到很多华为在 To C 领域取得成功的因素。虽然因素很多，但我们一致认为：华为终端的崛起，供应链功不可没，而且具有独特的作用。

为什么说华为供应链具有独特的作用？

一款 To C 产品要想卖得好，需要具备一些特性，即性价比高、成本优势突出、功能出众、交付快等，或者具备其中几个特性的综合优势，以满足消费者的需求。

而降低成本、缩短交付周期、提升产品质量，都是供应链天然的使命。所以当消费者业务崛起时，华为 CBG 供应链敏锐地抓住了机遇——不断变革供应链的模式，以降低成本、缩短交付周期、提升产品质量。

在质量保障上，曾经有一段时间很多人觉得，To C 产品只要相对便宜，就一定会卖得好，但事实并非如此。

相信不少女性朋友都听说过完美日记这个化妆品品牌。作为曾经国内较为知名的化妆品品牌之一，完美日记深受客户的信赖与喜爱。但如今，完美日记的日子不太好过。

相关数据显示，完美日记母公司 2021 年营收不到 60 亿元，虽然收益有增长，但是增速相比上一年而言，下降接近 61 个百分点。

要知道，早在几年前，完美日记还号称要做中国的欧莱雅。

为什么完美日记会跌落神坛？这一切得从其强有力的营销手段说起。

价格亲民的产品，本身对年轻人就有吸引力，加上小红书、哔哩哔哩、抖音等新媒体平台上无孔不入的广告，完美日记想不火都很难。

但相对于其他品牌，完美日记的产品十分拖后腿，原因是他们对产品研发的预算控制得很紧。

相关数据显示，2018—2020 年，完美日记的产品研发费用分别为 264 万元、

2318 万元和 6651 万元。这 3 年的研发费用，分别只占公司总营收的 0.4%、0.8% 和 1.3%。而同行业其他品牌的研发费用基本都能占总营收的 2% ～ 3%。在这一点上，完美日记落后太多。

既然不舍得在研发上花钱，那么产品质量自然就没有竞争力。

可见，产品质量非常重要，苹果、三星对质量特别重视，华为也不例外。华为终端在 To C 领域提出：质量优先，质量为本，质量是我们最基础的生命线，质量享有最高的优先级。质量意识的觉醒让华为从研发到供应链再到市场等环节都认为必须要保证产品质量，其中比较关键的环节是前端的采购、中端的生产、后端的物流。

为了提高产品质量，华为一度对标苹果，将苹果手机和华为手机拆机后对几十项指标逐项评价。最开始，仅有几个指标具有可比性。华为对与苹果手机有差距的指标进行了分析，制订了追赶计划。后来经过几年的努力，形势出现了逆转，华为手机硬件质量各项指标实现了全面超越。

在生产制造中，华为有计划地投入一大批自动化装备及制造管理系统，构造了若干条世界上最先进的智能化生产线来保障质量，通过让全员抓质量，做到"零缺陷"。

"华为要做业界的标杆、质量的标杆，如果我们产品的质量和业界标杆有差距，那么我们就要快速赶超。我们每年必须以不低于 30% 的改进率去改进，即使我们成了业界的标杆，我们每年依然要以 20% 的改进率去改进质量。"这是华为对员工的要求。

华为不仅对自身要求严格，对供应商的产品也有着严格的要求。只有零件没有缺陷，产品才有可能真正做到优质。华为供应链对供应商的选择十分严格，要求供应商必须和华为有相同的质量追求，同时主张优质优价。

正是因为对质量的严格把控，在 2016 年 3 月 29 日于人民大会堂举办的"中国质量奖"颁奖仪式上，华为凭借"以客户为中心的质量管理模式"获得该奖项制造领域第一名的殊荣。这是中国质量领域最高级别的政府性荣誉。

除了质量以外，华为供应链还可以不断缩短交付周期，让客户在更短时间内拿到想要的产品。

华为供应链在制造终端方面推行所谓的周期改善三部曲，通过缩短制造周期来拉动前后端的周期，让整个周期实现快速迭代。经过几年的改善，华为终端2018年的交付速度已经达到高水平——国内客户下单第二天就可以拿到货，国外客户下单后不到一周就能收到货。这样的速度在整个电子制造领域处于绝对领先地位。

对成本的控制，华为的理解有些不同。华为追求极致的成本控制，但追求到一定程度时，华为意识到要实现优质优价，在成本、质量、交付之间取得最佳平衡。华为Mate系列和P系列的产品便是这一理念在商业成果上的体现。

直到多年后的今天，部分品牌才意识到优质优价的重要性，然而华为早已走在人前。

总之，华为供应链通过将质量、交付、成本上的专业做到极致，构建出一道异常稳固的大坝，使整个终端在快速崛起时没有后顾之忧。同时，华为供应链源源不断地为销售一线输送"炮弹"，为前线捷报频传提供了强有力的支撑。

"力出一孔"：华为供应链的KPI考核

世界上最早的便携式数码产品的创造者索尼，2006年因笔记本电脑锂电池着火事故，召回了约960万台笔记本电脑，更换电池的费用高达510亿日元。从此，索尼日渐式微，风光不再。

对于此次事件，索尼前常务董事天外伺朗在《绩效主义毁了索尼》一文中发声。在文章中，他提出索尼实行的是绩效主义——"业务成果和金钱报酬直接挂钩，职工是为了拿到更多报酬而努力工作的"。

因为绩效主义的实行，职工逐渐失去了对工作的热情，产品质量检验这种短期难见效益的工作受到员工轻视，这间接导致了索尼笔记本电脑发生着火事故。

事实上华为也十分重视绩效考核。"茶壶里的饺子我们是不认的""绩效是选拔干部的分水岭""每年华为要保持5%的自然淘汰率"。从干部到员工，绩效是华为进行评价的第一指标。

为什么绩效主义没有毁了华为呢？原因在于华为实现了"力出一孔"。

《管子·国蓄》中提到，"利出于一孔者，其国无敌"。任正非在华为内部管理中，强调要"力出一孔，利出一孔"，体现了华为的针尖战略，也体现了华为端到端全面拉通的策略。

在供应链管理方面，"力出一孔"尤为重要，这是因为供应链环节多、周期长，只有形成合力，才能完成任务。

要想实现"力出一孔"，华为供应链就面临一个十分突出的问题：KPI（Key Performance Indicator，关键绩效指标）如何考核、如何分配、如何管理？

打破"铁路警察，各管一段"模式

"铁路警察，各管一段"原本是形容铁路警察工作特点的一句话，之后却成了各干各的、缺乏协同的代名词。

这句话从字面含义上来看，无可厚非，不过是职责所系，是分工的产物。但是在实际工作中，这种看似各司其职的情形，容易导致团队信息分散、沟通不畅、条块割裂，团队由于缺乏统一指挥与调度，处理问题时难以形成合力。

在早期，华为 CBG 供应链采用了这种分段式管理方法，即分段拆解目标，分段设定责任。

提升交付达成率时，华为 CBG 供应链将订单、计划、采购、制造、物流分开，让各部门各管一段。各部门也定义了分解的指标，本部门指标跟外部门指标之间没有相关性，形成了"自己管自己"的情况。

没过多久，这种"铁路警察，各管一段"模式的弊端就显现出来了。

分段式的库存管理让各段之间缺少衔接，整个流程没有得到很好的处理。信息孤岛现象严重，采购、订单、仓库等环节的数据无法联动，模糊地带过多，导致库存时间居高不下，库存数据不同步等。

基于以上情况，华为供应链决定打破"铁路警察，各管一段"的模式，向研发、营销部门学习，推行"力出一孔"。

任正非说："大家都知道水和空气是世界上最温柔的东西，因此人们常常赞美流水、轻风。但大家又都知道，火箭燃料燃烧后的气体，通过一个叫拉法尔喷管的小孔扩散出来的气流能产生巨大的推力，把人类推向宇宙。像美人一样的水，一旦在高压下从一个小孔中喷出来，就可以用来切割钢板。由此可见'力出一孔'的威力。"

要想实现"力出一孔"，华为供应链必须先解决一个问题——KPI如何考核？

从"及时发货"到"及时到货"

"为了保证客户满意，华为在供应链管理上有什么KPI？"这是2002年英国电信代表人员到华为认证供应商资格时间的一个问题。

面对提问，负责接待的华为高管信心满满地回答："及时发货率。"原以为该回答能得到英国电信代表人员的赞赏，但实际得到的却是他们否定的摇头。

"我们从来就不关心所谓的及时发货率，我们只关心'及时到货率'。"他们这样说道。

听了英国电信代表人员说的话，华为供应链才意识到供应链绩效水平的高低在于满足客户需求的程度，客户满意度才是最重要的供应链评价指标。如果华为只在乎是否完成了发货，而不在乎货物是否真正交付到客户手中，那就违背了华为"以客户为中心"的价值观。

很快，华为内部就做出了调整，明确以及时到货（On-Time Delivery，OTD）为主指标的交付业绩评价体系。

2010年左右，CBG供应链进行了多轮讨论，为了规避前述问题，一致认为供应链除了OTD很重要外，库存周转天数也十分重要。这是因为库存周转天数是供应链运作能力的集中体现，是供应链体系运作的结果。自此，这两个指标贯穿供应链绩效考核全过程。

在具体考核过程中，华为供应链首先对这两个指标确定总目标，然后进行分解，分解完后再将各自的关联性定义清楚，不留死角，不留模糊地带。

所有考核都在同一平台上进行，采用统一的数据来源、考核方式、计算方式、公布方式。如此一来，每个责任环节对 OTD 所做的贡献便一目了然。通过这样的目视化管理，华为供应链可以判断每个环节的贡献，以及对全局的影响。

考核要总分总，分段要加码

在评价整体和分段时，华为有一些"特殊"的方法，比如"加码"。

华为所谓的"加码"，是说分段目标值相加后要比总体值更好，是考核要求之一。

举例而言，华为会将供应链周期分为制造周期、采购周期和物流周期。正常情况下，制造周期为 5 天、采购周期为 7 天、物流周期为 8 天。"加码"后，每个周期会缩短，3 个周期分别缩短至 4 天、6 天和 7 天。"加码"意味着华为对供应链每段管理的要求更高。

除此之外，华为将 KPI 分为 3 个值，分别是挑战值、目标值、底线值。挑战值是 120 分，目标值是 100 分，底线值是 60 分，达不到底线值得零分。相比于正常情况下以 0 ～ 100 分的线性计算，华为只在 60 ～ 100 分段进行线性计算，如图 3-1 所示。

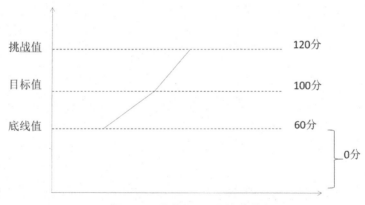

图 3-1　华为 KPI 线性计算

如果出现了影响 OTD 的关键负向事件，如客户重大投诉事件，华为会直接倒扣分。在考核库存周转天数时，也会采取相同做法。

华为供应链内部对 KPI 考核有过一个经典比喻：交响乐团在演出时，很多人手中的乐器都在同一时间发出声音，那么多声音集合起来可能是音乐，也可能是噪声，而乐团中最关键的就是指挥，只有指挥协调好了，乐团才能演奏出一曲动听的交响乐。如果把供应链比作交响乐团演出，那么订单、计划、制造等部门就是乐手，而 KPI 就是指挥，在指挥的指导下，供应链才能完成完美交付。这是德鲁克"目标管理"的精髓，也正是任正非所讲的要"力出一孔"，以客户为中心，全力聚焦为客户创造价值。

第 2 部分

懂供，首先要供得上

华为不会出现极端断供的情况，
我们已经做好准备了。
——任正非

第 **4** 章

降本增效是供应链的本质工作

在日常生活中，有一个电器品牌家喻户晓，并且连续 10 年保持 25% 以上的增长率，它就是苏泊尔。

苏泊尔作为全球第二、全国第一的炊具研发制造商，其旗下的炒锅、压力锅、蒸锅、煎锅销量在国内市场占有率稳居第一。

从一口锅到 500 亿元市值，苏泊尔究竟通过什么登顶？原来，2007 年，苏泊尔被全球小家电领导企业法国 SEB 并购。受 SEB 的影响，苏泊尔开始重视供应链的降本增效。

在确保交付和降低成本方面，SEB 和苏泊尔的供应链常用的管理方法和改善工具有 PCO（Product Cost Optimization，产品成本优化）、Monozukuri（产品开发与制造）、SixSigma（六西格玛）、BI（Business Intelligence，商务智能）、SRM（Supplier Relationship Management，供应商关系管理）等。经过改善，苏泊尔产品的市场返修率下降 50% 以上，在行业中已经达到了最低点，成本较之前也大大降低。

以 Monozukuri 为例，苏泊尔曾运用该方法对全自动咖啡机降本增效。苏泊尔在与供应商开展研讨的 4 次会议中，共得出 150 多条降本增效的意见。这些意见无疑对全自动咖啡机的降本增效起到了积极的促进作用。

不少企业像苏泊尔一样意识到了降本增效的重要性，但在实际工作中，降本增效却达不到理想的效果。究其根本，是企业还存在认知不到位的情况，对降本增效的理解存在偏差。

部分企业只是将降本增效简单地理解成"降低生产成本"，没有全面分析影响企业成本的其他因素，没有从整个供应链切入，进行合理的成本管控，降本效果可想而知。用人成本的提升、原材料的涨价挤压了企业的利润空间，企业要想生存，赢得发展空间，最佳的方法是通过优化供应链，实现降本增效。

供应链降本增效，降什么本？增什么效？

供应链降本，降的是供应链的成本，包括采购成本、生产制造成本、仓储成本、运输成本、运行成本、人力成本、管理成本等。

据统计，一般来说制造企业的物料成本会占销售成本的 50%～80%。物料成本加上供应链的其他费用，如物流费用、制造费用及管理费用，则会更高。

在信息透明、竞争激烈的时代，市场上产品的利润被大大压缩，降本显然比增收更能实现盈利。企业每降本 1 元，利润就能增加 1 元。如果能将其中节省出来的成本让利给客户，提升客户服务水平，产品的竞争优势就会大幅提升。这笔账算下来，降本增效是不是很划算？

聊完降本，再来说增效。供应链增效，增的是采购效率、作业效率、运输效率、财务结算效率、系统处理效率、库存周转效率和响应效率等。在供应链里，时间就是金钱。试想一下，如果 A 产品的采购周期为 5 天，那么库房要想满足采购途中产生的订单需求，最少需要准备 5 天的安全库存；如果采购周期缩短至 2 天，那么库房准备 2 天的安全库存即可。这节省了 3 天的安全库存，同时也帮助供应链减少了物流运输成本、仓储运作成本、仓储使用面积和库存占压资金。

降本增效是供应链的本质工作，对供应链意义重大，华为深谙这一道理。

计划的策略：一手抓交付，一手抓库存

计划是供应链投资回报率最高的业务领域之一，加强计划职能，往往能事半功倍，起到降本增效的作用。华为充分认识到，供应链要解决的问题，是一手抓交付，一手抓库存，两手都要抓，两手都要硬，不可偏废。华为供应链既要满足交付，不能有短缺，又要控制库存，不能形成积压。

"相依为命"的交付与库存

供应链中交付与库存的关系，可以用一个广为流传的段子来说明。

在一个工作日的下午，丈夫给妻子打电话："亲爱的，晚上我想带几个同事回家吃饭，可以吗？"（订货意向）

妻子说："可以，一共几个人？你们几点到？想吃什么菜？"

丈夫回答："我们有8个人，下午6点半左右回来，你可以准备红酒、红烧肉、油麦菜、蛋花汤和一些甜点，你看可以吗？"（商务沟通）

妻子说："稍等，我先看看。"（检查物料）妻子先用纸笔记录下丈夫所说的菜单（MPS，Master Production Schedule，主生产计划）以及具体要准备的菜（物料清单），之后打开冰箱，检查食品原材料是否够用。然而妻子发现冰箱里只有精瘦肉，没有五花肉，于是打电话给丈夫："红烧肉可以改成辣椒炒肉吗？"

先生询问同事后回答："可能不行，我同事说想吃你做的红烧肉。"

"没问题，我会准备好的。"妻子说道。（确认订单，无法使用库存原物料）

来到菜市场，妻子询问商家："请问五花肉怎么卖？"（采购询价）

商家："6.66元一斤，现在正在做活动，买3斤按6元一斤算。"

妻子："我只需要一斤，但这次我买3斤。"（批量采购）

妻子看了看手中的五花肉，说："这块瘦肉太少了，换一块。"（验收、退料、换料）

回到家中后，妻子开始利用厨房中的电饭煲、燃气灶（工作台）烹饪佳肴（制造工艺）。妻子在烹饪红烧肉的过程中，发现炒糖色的难度最大（瓶颈工序），于是决定请邻居帮忙，让邻居炒好糖色后，自己再进行下一步（产品委托外包）。

没想到过了一会儿，女儿打来电话，说同学要来家里玩，希望母亲能准备晚饭。母亲询问是否愿意和父亲一起拼桌，女儿表示不愿意（不能并单处理），并表示想吃番茄炒蛋（紧急订单）。于是母亲打电话给菜市场商家，让商家将新鲜的番茄送来。（紧急采购物料）

最后，丈夫的同事和女儿的同学都在这个家里度过了愉快的晚餐时光。

如果我们将这个家庭企业化，就会发现，企业也会存在类似交付问题。这些问题之所以能圆满解决，是因为妻子作为一个计划的角色，做好了各方面的协调，一手抓交付，一手抓库存。库存不到位，交付就难以实现；交付不到位，库存就会形成积压。一旦一个方面没做好，就会给晚餐的享用带来阻碍，影响人际关系。

企业所处的经营环境比这个家庭更复杂多变，而供应链中的交付与库存指标，通常是同时恶化或同时优化的，两者"相依为命"——交付水平越高的企业，库存周转速度越快；交付水平越低的企业，积压库存就越多。

抓计划、抓库存，华为这样做

抓交付应该抓什么？华为认为，计划要发挥指挥棒的作用，做好长期计划、中期计划，还要抓短期计划，不仅抓计划的规划，还要抓计划执行。

之所以要区分计划的"规划"和"执行"，是因为不少企业只重视计划的规划，不重视计划的执行，这容易出现问题：计划部门排好计划就"撂了挑子"，让制造、物流、财务等执行部门独自去执行计划。在华为看来，这样的计划水平不高，会导致前后段割裂。

制造部门会抱怨计划不准，导致产能放空或紧急插单；

采购部门会抱怨预测不准导致供应商缺少有效的销售预测，最后导致产业链的整合成为空话；

供应商的管理也很困难，企业只能通过各种方式驱动供应商；

物流要提前订船订舱，缺乏有效计划会导致舱位放空或不够；

......

企业如果只重视计划的规划而不重视计划的执行，是无法让供应链环节实现闭环的，对供应链是一种巨大的损伤。

那么要怎样重视计划的执行？

除了在规划层面制订中、长期计划，华为还在执行层面制订了短期计划。短期计划十分具体、细致，更接近实际，如物料层面要考虑 Item（项目）层级，生产的产能资源层面要考虑近 1～2 天的人力、设备、物料等全部制造资源要素的齐套水平。

在长、中、短期计划上，华为都形成了相应机制，而且构建了 One Plan（一个计划）体系。其中，长期计划承接整个华为的 BP；预测以及 S&OP 形成中期计划，横跨 13 周；华为的短期计划为 28 天计划；再往下延伸，即为华为的 421*N* 计划排产体系，如图 4-1 所示。

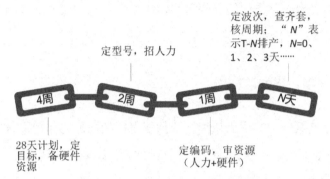

图 4-1　华为 421*N* 计划排产体系

不少企业在交付时，会用很多库存来满足。这样交付目标看似达成，实际库存压力很大。不合理的库存是精益思想中重点强调的浪费之一。所以，一个好的计划，就不能用太多库存去满足交付，甚至需要重点管控库存。

在管控库存上，华为供应链采用了库存计划。库存计划包括库存的产生、维持和消耗的规划。

长期、中期、短期分别要维持多少库存？

库存什么时候消耗？呆滞的库存如何处理？

库存如何与财务计划协同？

这些都是库存计划要考虑的。

从华为的实践来看，要想做好计划，必须一手抓交付，一手抓库存，偏重任何一方都会导致整个供应链失衡。

物流超市：从生活到工作的再迭代

工作中一些看似非常专业的方法其实源自生活中一些很朴素的道理。华为的供应链管理中就有一个很经典的例子——物流超市的设立。

疲于"救火"的"地摊"

走进华为制造部的配套理货包装部，你会误以为进了一家超市。

布局清晰，通透明亮，要不是有穿着蓝色工服的员工暴露了"身份"，你怎么也想不到这个货架一字排开、物品摆放整齐有序的"超市"是华为的车间。

7年前，这里还是混乱嘈杂的"地摊"，现场物料堆放十分拥挤；对于高峰阶段的产品交付，这里基本采用人海战术，交付疲于"救火"，效率低下；华为也曾尝试外包业务，但外包企业频繁出现不能及时交付和质量不过关的情况，于是华为不得不收回业务……

伴随着业务量的不断上涨，华为逐渐意识到，这里就像一个不断膨胀的气球，如果不及时优化，总有"爆炸"的一天。

怎么改变一团糟的乱象？

部门联合制造精益改善小组多次组织改善活动，取得了一些成绩，却依旧不能从根本上解决问题。2014年年底，该部门来了一位新主管和一位精益生产专家。这两位重量级人物的到来，将在华为生产线上推行多年的精益生产延伸到理货包装环节，让配套理货包装部重新燃起了希望。

"我们的增值动作就是把物料拿到箱子里面，客户只为你这个动作买单，其他的从 A 挪到 B，从 B 挪到 C，从地上摆到架子上，都是没用的动作，是我们的内部管理不当导致的。"部门新主管在分析完问题后这样说道。

后来经过多轮研讨，该部门统一意见，决定回归业务本质，采取做减法的精益思维，确立"做客户与物料供应商间的最佳连接者"的愿景。

"像超市一样理货"

具体如何操作呢？

华为联想到了超市。超市的设立跟物流本没有关系。超市的基本功能就是提供一个场所，客户走进去按照自己的意愿选购产品，然后超市会根据客户挑选的规律，不断调整产品的摆放位置，极有可能被同时选购的产品会被放在邻近的位置。

在某种程度上，物流领域的原材料、成品的理货方式和超市相似。

受到超市的启发，要想在做好增值动作的同时，给客户又快又好地打包，部门需要区分当下需要和不需要的物料，实现存、拣分离，像超市一样整理和摆放物料，让员工在最快时间、最短路径内拿到所需物料并打包发货。

基于此设想，该部门开始着手现场的布局调整。调整现场布局如同超市做分区一般，分好"水果区""海鲜区""收银区"等，将卖得好的产品放在出入口处，方便客户拿产品，少走点路。

之后，该部门形成了新的愿景——"像超市一样理货"，建立像沃尔玛超市一样的开放、拉式、上下协同的管理模式，对实物流和信息流进行全流程整理。

于是，在2015年的春节前后，该部门成员及设备技术员都放弃了与家人团聚的机会，全身心投入这场"大手术"。在华为24小时不断交付的情况下，这场"大手术"无异于给高速行驶的汽车换轮胎，难度可想而知。

他们只能通过周密计划，采用一小块一小块腾挪的方式，将所有布局调整完成。出人意料的是，该部门仅用了短短一个月时间就完成了这场"大手术"。

此次全面调整后，现场又经历了4次微调。经过不断迭代演进，配套理货包装部的现场终于从"凌乱的地摊"蜕变成了"通透明亮的专业化超市"。

如今在华为的配套理货包装部，员工就像逛超市一样，只需循着分类的标牌，到达"水果区""海鲜区"，就能及时拿到想要的物料。

走动距离从3550米缩短到最短的124米；

分料周期从1440分钟缩短到28分钟；

线体从27米缩短到1.7米，高架库、叉车都减少了50%以上；

……

以上种种，让车间的工作效率有了质的飞跃。

除此之外，物料的摆放位置会按照发货频率进行调整，从而使得低频发货物料更容易被发现与识别。

为什么不发料？是否提前到货？为什么一些物料提前进来？为什么进来的物料突然又发不出去？某些物料是不是呆滞物料？通过分析这些问题，物流也能主动地推动计划、采购进行优化，从而改善库存。

　　由此可见，物流超市不仅提高了效率，还推动了库存的清理，避免了呆滞物料的产生，一举实现了所谓的"降本增效"。

　　超市是来自生活的经验，应用到物流领域竟然有如此巨大的作用。生活中很多朴素的道理在华为工作中得到了进一步的应用与推广，这是从生活到工作的再迭代。

第 **5** 章

供应链要敢于以专业赢得尊重

在华为 CBG 的一次市场大会上，各部门被通知要轮流上台做工作汇报，供应链部门也不例外。

作为供应链部门的部长，笔者心中略有忐忑，这是笔者担任部长后的第一次正式报告会议。在之前的报告会议上，研发、销售等部门都游刃有余，有十分丰富的汇报经验，获得了众人的认可。

反观第一次上台汇报的我们，既没有汇报经验，也很难像研发、销售等部门一样，用逻辑性、条理性极强的报告来展示我们复杂又细致的供应链成果。

接到汇报通知后，我们团队倍感压力。华为的市场大会是最高级别的会议之一，每半年召开一次，一般由各地区公司唱主角，同时也会要求财经、人力资源、研发和供应链等部门进行汇报，以体现以客户为中心、各业务领域高度协同的理念。会上，为了检验各部门在市场协同方面的成果，汇报人需要在会上接受挑战和提问。

作为汇报人，笔者在那段时间常常辗转难眠，思考如何汇报才能不在会上给部门"丢面子"。众人拾柴火焰高，作为部门负责人，笔者牵头召开内部会议，集思广益，讨论汇报的内容与形式。

在会上，有人说可以和研发部门一样展示最终工作成果；有人说可以和销售部门一样用指标数据证明供应链能力；还有人认为这两种方式都不可取，一方面是因为供应链的工作成果比较琐碎，不像研发成果那样出彩，另一方面是因为不能仅仅靠数据来体现供应链能力。

经过激烈讨论，大家终于得出了一个折中的结论——以供应链的流程线索来展示对市场一线的支持，在项目支持过程中展示供应链部门的能力建设工作和方法论。

事实上，在此之前，我们就已基于华为供应链 30 多年的成功实践经验，从交付角度对采购、计划、订单、物流、制造、工程等多个领域行之有效的经验进行了总结与提炼，倒逼自己构建了方法论、工具模型。于是，我们快速将这些方法论、工具模型进行汇总，一份具有逻辑性、条理性的工作报告就诞生了。

没过多久，CBG市场大会如期举行。在汇报环节，笔者娓娓道来，自信地讲述着供应链部门的成果。台上一分钟，台下十年功。笔者在台上讲的每一句话，汇报的每一条方法论，都是供应链兄弟姐妹们多年来共同打下的"江山"。

汇报结束后，台下掌声经久不息，汇报获得一致好评，甚至连在以往的报告会议上游刃有余的竞争对手——研发、销售等部门都发自内心地为我们点赞。

华为一直倡导："以专业赢得尊重，不瞎干，不蛮干。"经过这次汇报，华为供应链部门逐渐意识到"以专业赢得尊重"的重要性，开始重视专业人才队伍的建设和专业方法论的构建。

供应链部门开始"过滤"部门里那些半路出家、不愿意做方法论研究的人员，完善整个团队的方法论建设。这让供应链部门的工作渐趋专业，提升了供应链部门在华为的地位。

供应链究竟有没有技术含量

众所周知，华为的全称是华为技术有限公司，曾经有一名记者还特意询问华为董事郑叶来这个名字的含义。被称为"段子手"的郑总，对此调侃道："华为是个技术能力有限的公司，不可能什么都做，不可能什么都能做好，所以我们叫'华为技术有限公司'。"

虽然是技术能力有限的企业，但在其专注、擅长的领域，华为总是以专业的态度、专业的工具、专业的方法做到最好。从这一方面来看，华为是有技术含量的，而拥有专业方法论的供应链，更是拥有足够的技术含量。

"半路出家"的供应链

华为供应链究竟有没有技术含量？在之前很长一段时间里，每当外界问华为这个问题时，华为的答案都是"没有"。

2004 年左右，华为终端刚从泛网络分出来不久，不少人就开始意识到华为将启动从 To B 到 To C 的转型。于是研发、营销等部门尝试调整内部流程，为后续业务发展做铺垫。但那时的供应链部门还发展得不够成熟，整个 CBG 供应链的流程、方法都还是照搬泛网络的，对转型也是后知后觉。

那时泛网络的交付流程中有工勘这个环节，即工作人员需要提前做现场勘察，了解安装环境、空间布局等信息，确保设备能安装在机房内。但做手机业务的 CBG 供应链，是不需要进行现场勘察的，因为他们不需要将设备安装在机房内。

没有察觉这一点的 CBG 供应链，却照搬该方法 6 年之久，让这个"多余"的环节一直留在 CBG 供应链的流程里。

直到 2010 年的某一天，CBG 供应链人员决定优化交付流程，才发现这个问题。"我们为什么要保留这个环节？这个环节根本不需要。"供应链部门的同事说道。

经过讨论与决策后，"有名无实"的现场勘察环节才被终端取消。

这种"依葫芦画瓢"的做法虽然在短期内可以让华为终端站在巨人的肩膀上提升工作效率，但这种简单的生搬硬套怎么能与客观实际相符？所以从这一角度来看，早期华为供应链技术含量并不高。

与此同时，当时华为 CBG 供应链人员水平参差不齐：一部分人来自泛网络部门，还有一部分人来自研发部门，"半路出家"的人员占比过高。因此，尽管华为终端后来费尽心思招了一些供应链的专业人士，对人才梯队做了一些调整，但供应链的技术专业性仍然不足。

长风破浪会有时，直挂云帆济沧海。面对专业性不足的问题，华为供应链招揽计划、研发、采购、制造、物流等领域的专业性人才，同时不断实践创新，总结模型与方法论，从而发展得越来越专业、越来越具备技术含量。

"葵花宝典"的诞生

在金庸的《笑傲江湖》中，葵花宝典算得上最上乘的武功秘籍。在 21 世纪，"葵花宝典"通常用来比喻能使个人或企业获得成功的经验和方法。

在华为供应链里，也有这样一本"葵花宝典"。

2007 年前后，计划部门的一名同事在供应链出了名。因为他编撰出一本计划经验的小册子，这本小册子被周围同事们戏称为"葵花宝典"。

那时候华为终端公司刚成立 3 年，还在起步阶段，刚开始做手机、机顶盒等 To C 产品，各种问题频发……面对这些问题，这位善于思考和总结的同事，将工作中遇到的一些易错场景汇编成册，总结并记录下工作技巧便于自己或同事查看。

在这本"葵花宝典"中，他总结了每天的下单时间，避免物流部门出现"没事干"的情况；总结了计划排产周期规律，将一周内需要生产同样产品的物料安排在一起；总结了前拉后推的技巧，让跨周期生产的产品能及时完成交付；总结了下单易错点、检查数据的快捷方法……

随着时间的推移，经验越总结越多，小册子越来越厚。不少同事都在闲暇时翻阅这本小册子，受益颇丰。慢慢地，不少人开始将这本小册子称为供应链内部的第一本"葵花宝典"。

这本"葵花宝典"的诞生，原本是一个员工自发的偶然事件。受到这次事件的启发，CBG 供应链的管理者们开始意识到，泛网络 To B 业务的供应链管理方式，包括业务模式、流程、IT 系统等与 CBG 供应链有很大不同，我们必须要找到一条适合手机等电子消费品的路。

CBG 供应链的管理者们开始启动适配 To C 业务的流程、IT 系统、组织和管理体系变革。实际上，自余承东来到终端开启智能手机转型，华为 CBG 供应链已经连续多年进行了改进，做出了有益探索，其专业性有逐渐提升的趋势。

华为供应链：用专业技术领先行业

2012 年，华为供应链的专业性开始变得越来越强。

首先是智能时代的到来，华为生产线上开始采用智能设备。与此同时，不少物流、供应链专业的人士加入华为，为供应链输入了新鲜血液。

在该背景下，华为供应链决定采取"主动+被动"的方式奋起直追，快速调整。

2015—2020 年，华为供应链处于"集大成"时期，技术含量有了质的飞跃。无论是偏前端的订单、计划部门，还是偏后端的制造、物流部门，都纷纷提出以数字化和智能化的方式改造供应链。这使得华为在前一段时期的积累得到了系统化的沉淀和固化。

计划部门形成了 One Plan 体系，并且进一步从 S&OP 衍生出 421*N* 计划排产体系等；订单部门设计了 MTO、ATO、STO 等模式，形成丰富的方案，以应对不同时效要求和经济库存的场景；制造部门形成了一套智能制造的方法；物流部门形成了线边超市、自动要货、一码追溯到底等模式……

有了这些方法论的支撑，华为供应链开始喊出"质量第一、交付第二、成本第三"的自信口号，向外界展示供应链的强大实力。

回顾华为供应链的发展历程，我们会发现，华为供应链在不知不觉中改变了原来的照搬状态，用自己一步一个脚印的实践经验回答了"供应链究竟有没有技术含量"这个问题。

早期供应链缺乏理论指导、专业人才、优秀实践，几乎没有技术含量。之后这些问题都逐渐得到解决，华为供应链用专业技术领先行业。如今，我们再去问华为供应链的员工——"供应链究竟有没有技术含量"这个问题，他们的回答，一定是自信的肯定。

计划的"番号"：计划、生管、PC

番号之于军队，就如同名称、代号之于企业以及企业内部的岗位。

计划的不同"番号"

在铁路运输中，计划被称作"调度"。

作为重要的交通方式，铁路运输在春运中承担着重要职责。在资源受限的条件下，要想满足庞大的客运需求，保证人们按时回家过年，高效的列车调度必不可少。从这一角度来看，列车调度员对完成各项运输指标起着举足轻重的作用。

列车调度员按工作岗位划分，有很多种类，如机车调度员、货车调度员、高铁调度员、供电调度员等，甚至连遮盖车辆用的篷布都专门设有篷布调度员。

在众多列车调度员中，计划调度员的作用和地位尤为突出。根据运输货流的数量，计划调度员会科学合理地制订每 12 小时内的运输计划。其他专业调度员按照计划调度员的安排，组织、调配自己管辖范围内的运输设备及人员。

在过去很长一段时间里，计划调度员在铁路运输中的地位其实并不凸显。后来相关部门察觉到计划的重要性，计划调度员的待遇因此水涨船高。

在日韩企业中，计划被称为"企划"。企划是一种程序，本质是针对未来发生的事情的当前决策，即预先决定：做什么？何时做？如何做？谁来做？

日本有不少企业会专门设立企划部门，一般将其称为"经营企划部"或"营业企划部"。该部门通常是决定企业发展方向的部门，不断定目标，让企业或工厂处于"永不停歇"的状态，毕竟"停产一天，损失千万"。

举例而言，A 公司生产饮料，企划部通过大数据发现顾客更喜欢喝无糖饮料，于是安排工厂多生产无糖饮料，少生产有糖饮料，带动产品销售，避免产生库存积压，获得更多利润。

随着制造的发展，不少日韩企业开始强调计划对生产的管控，所以计划的"番号"又演变成"生管"，即生产管理。生产管理的目标是高效、低耗、灵活、准时地生产合格产品，为客户提供满意的服务。

在生产过程中，生产管理人员要制订生产计划，将计划传达给采购部门和营销部门，除此之外，还要做好"3 个把握"：把握生产所需各种物料的库存数量，在物料发生短缺前及时调整生产并通报营销部门，以便最大限度地减少物料短缺所带来的损失；把握生产进度，将计划与生产实绩做比较，及时发现差距，并给出有效补救措施；把握产品的品质，了解不良数据，如过程不良率和出货检查不良率，对产品质量问题做好持续追踪和改善。

全球化发展潮流来临后，不少外企涌入日本和韩国。在与这些外企合作的过程中，日韩企业的"生管"叫法很难让对方理解，影响双方交流。于是他们将"生管"翻译成对应的英文——Production Control 或 Production Planning，缩写为 PC 或 PP（用得较少）。

华为供应链：直接而准确的叫法

华为供应链重视每一个岗位的取名，尤其对计划这种在供应链起重要作用的部门，更是重视。

对于计划的一些旧名称，华为供应链有自己的看法。华为供应链认为，"调度"局限于处理计划之外的异常，偏重于资源调配；"企划"则有拔高之嫌，缺少些"地气"；"生管"偏重于现场管理；"PC"是英文缩写，难以直接体现具体意义。无论哪种番号，都或多或少存在弊端。

经过综合考量，华为供应链认为番号应直接、准确体现职责，取"计划"最为恰当。

从工作职责上看，计划部门负责统筹、控制和调度，将客户工作安排妥当。从定位上看，该部门是供应链的中枢环节，是信息流的掌控者，相当于大合唱中的"指挥棒"，也是足球场上的"中场发动机"。而"计划"一词本身就含有统筹、规划之意，因此取"计划"一名较为准确。

叫法的准确从侧面映射出华为供应链的专业。

物流迭代之路：盘点也能做到极致

华为的成功，从外部来看，离不开全球通信行业大发展的市场环境；从内部来看，离不开自身强大的研发实力和市场能力，更离不开高效先进的物流系统的支撑。尤其是华为于 2002 年 11 月投入使用的高度自动化生产物流系统，大幅减少了物料移动、缩短了生产周期、提升了生产效率和质量，与生产线高度协同，融为一体。

制造业中有一个常见的物流活动，就是盘点。盘点看似简单，但是要做好，其实并不容易。

盘点是物流的一块硬骨头

华为实行的盘点制度有两种。一种是定期盘点，也叫冻结盘点，一年有两次。

另一种是动态盘点。盘点一直是华为物流领域一块"难啃的骨头"，主要体现在账实不一致、占用时间长这两个方面。

首先是账实不一致。一位在西班牙的财报内控工作人员曾回忆华为中心仓的改善过程。

2015 年年初，这位工作人员组织建立清理专项小组，联合机关、行管及 IT 同事，对账实差异进行快速定位与分析，并按照先易后难的原则逐一清理。

一个月后，他们消除了全部历史差异。为防止差异新增，他们同步监控，做到周清周结，防止产生历史堆积。经过一系列努力，20 万美元的账实差异逐渐清零。为使在途超期风险从 120 万元清零，这位工作人员梳理了在途超期的流程和责任，集中清理已超期箱单，设专人对关键控制点进行监控，对即将超期箱单进行提前预警……

这些努力，让西班牙中心仓的账实一致率从 89.2% 提升至 99.5%，实现用专业领先世界。

从这则故事中我们可以看出，盘点是保证账实一致的重要手段。

什么是账实一致？账实一致包括几个方面，实物跟卡片一致、实物跟物流的账务一致、物流的账务与财务一致，这几个方面都保持一致才是真正的账实一致。

对华为物流而言，账实一致十分重要，因为账实不一致会给企业带来严重损失，包括资产损失、不能按时交付、工厂停产、巨额赔付等。

然而，账实一致是很高的管理境界，从任正非的内部讲话看，华为的账实不一致曾经是个老大难问题。"一直无法盘点。""每年年度审计时，审计师都对我们公司的存货管理水平提出警示。""以前我们的货款记录不清晰，客户来还欠款时，我们还感到莫名其妙，连合同和欠条都找不到了，如果客户不还钱，大量预备金都会付诸东流。"任正非这样说道。加上华为规模的不断壮大，业务模式、场景、类型越来越多样，与之对应的盘点也变得更为复杂、困难。

其次是占用时间长。华为每年两次冻结盘点、每月不固定的动态盘点制度发展至 2012 年后，已经越来越不适应整个业务的发展，而问题的根源就在于盘点太花时间。特别是对于供应链而言，时间是十分宝贵的，频繁盘点会让整体产能下降，最终导致时间紧迫，无法完成交付。

如何将盘点做到极致

对于盘点过程中遇到的两个问题，华为迎难而上，想了不少办法改进，最终将盘点做到了极致。

首先是账实一致的问题。迭代后的 CBG 供应链站到了更高的高度看待账实一致的问题——认为用盘点来保证账实一致，其实并不高明。于是，CBG 向物流部门抛出了一个难题：能不能用不盘点的方式实现账实一致？

面对这个难题，物流部门没有选择视而不见，而是选择接招，通过不断挑战，用专业的方法优化盘点，甚至消除盘点。

最终由于财务规则的设立，年终盘点没被消除，但是已经被改变到了极致。比如代工厂光弘基本在一天内就可以完成冻结盘点，甚至用两小时就能完成自制产品的盘点。

这种极致是如何做到的？

第一，改善在制。在盘点之前，华为会不断减少所有的在制任务令（工单），甚至全部清理掉。华为首先将在制任务令减少到 100 条以内，再减少到 10 条以内，最后清零。当盘点之前，已经没有在制任务令时，仓库的存货井井有条，盘点便可以在两小时内全部完成。

第二，清理线上任务令。计划部门和制造部门在物流部门进行盘点之前，将所有任务完成，从而让线上任务令做到单清单结。

第三，按单配送。生产线全部采用拉式生产的方法，避免将所有物料堆在生产线上，按需配送。

第四，不断缩短计划指令周期。从天数到班次再到波次，不断缩短周期。

其次是占用时间长的问题。华为减少了每年盘点的次数，将每年两次的冻结盘点减少为每年一次，同时将盘点的时间从原来的 2～3 天缩短至 1 天内集中完成。华为派去盘点的人员也越来越少，从原来每个工厂派十几人到后来每个工厂只派一两人，减少了盘点的时间投入成本。

任正非说："现在我们已经结束区域站点存货无法盘点的历史，货款记录开始清晰，进步很大。"

从以上发展过程来看，华为的盘点经历了数次改善，而改善后的盘点推动业务不断前进，展现了华为供应链的专业性，给整个制造活动和客户带来了专业的服务。

制造基本功：三按两遵守 + 一个改善

在金庸的武侠小说《天龙八部》中，乔峰是最具影响力的人物之一。一生无败绩的他，凭借降龙十八掌、打狗棒法，打遍江湖中无数高手，成了无敌的存在。

我们会发现，乔峰会的武功招式其实并不多，他甚至是用太祖长拳这种基本武功击败了不少武林高手。

为什么乔峰这么厉害？

从乔峰的武功来历看，少林玄苦大师使乔峰打下了扎实的武功基础，加上乔峰悟性极高，才领悟到了武学真谛。可见，铸就乔峰武学辉煌的关键，在于扎实的基本功。

武林高手无一不是从苦练基本功开始的，并且终身不离此道。只有真正掌握了基本功，才可能步入武功的上乘境界。反之，忽略武功训练中的基本功训练，痴迷练习花拳绣腿，最终只会不堪一击。

这对于企业也是一样的，基本功训练枯燥无味，要能耐得住寂寞，才能达到大师级别。作为华为供应链体系的重要组成部门，制造部门更是如此，从基本功练起，经过长期的刻苦训练才成为真正的强者。

入职必修课：三按两遵守

一说到华为，大家就联想到华为的技术研发实力，相比之下，对华为的制造关注得却不多。事实上，华为的制造起步很早，华为的制造部门是较早参与变革的部门之一，称得上华为的基础实力部门。

1993 年，自从华为有了研发部门，就踏上了制造之旅。那时的华为还是一个小公司，华为的大型数字程控交换机被研发出来后，便立即投入使用，并且华为在扩大生产的过程中开始重视制造。可见，华为制造与公司的发展相伴而行。

华为一开始对制造就是高要求，这至少在两个方面可以得到验证。

第一个是高投入，华为开始做研发时，便大力引进技术人才，当其他公司还在招聘大、中专学历人才的时候，华为招聘的最低学历要求是本科，并同步引入大批硕士研究生。这批人才有部分被分到制造部门，作为生产管理人员。第二个是高标准，主要是使用当时最先进的生产线和机器设备。华为当时的想法也很简单，要落实最先进的研发，就必须拥有同样先进的生产制造能力。

早期，忙得不可开交的任正非曾亲自参与制造领域的一些工作。刚开始，不少人认为制造不值得任正非亲力亲为，但任正非始终认为，制造才是华为价值产生和凝结的地方，是保证产品质量落地的地方。

直到现在，华为内部还流传着当年任总请生产线的同事们吃饭的故事。当时华为生产车间还在深圳宝安区的西乡，旁边的饭店很少。每逢新产品批量下线，生产线就会非常忙碌，需要日夜连轴转。半夜时分车间休息，任总经常会笑眯眯地出现在车间，招呼大家出来吃饭，那是公司专门从外面订的夜宵。多年以后，老员工们回想起那段激情岁月，都会觉得任总很关心制造，他们那种温暖，溢于言表。

华为深知，要想做好制造，首先要练好基本功。比如华为在 20 世纪 90 年代中期，整理出了一套独有的、适合供应链的现场管理机制——三按两遵守。

在华为内部，耳熟能详的三按两遵守是新员工的入职必修课，贯穿各项工作。"三按"指按文件操作、按流程操作、按操作指导书操作，"两遵守"指遵守劳动纪律、遵守工艺纪律。

以遵守劳动纪律为例，在生产现场工作，华为要求所有员工都要遵守劳动纪律，比如带好工卡、穿好工衣、走路不能踩线、请假要做好交接等。这些看起来简单的基本功汇聚成了生产要求，让华为生产现场变得十分严谨，产品质量也因此得到提升。

无论是"三按",还是"两遵守",华为都做到了"写自己所说""做自己所写"。

练好三按两遵守的基本功后,1995 年,任正非开始对坂田基地的制造进行布局。

于是,华为经过严格的招标、评标,最终选中了全球顶尖的物流系统集成商——德国马泰克公司。

华为引入各种先进物流设备,学习丰富的行业经验和项目管理经验,按照世界上最先进的基地设计,配备自动物流中心和机械加工中心,在生产中心设立地库。当时华为的整条制造流水线达到了世界级水平,吸引了不少客户前来参观。

给生产管理做个"改善"手术

通过几年实践,世界级水平的制造流水线、工艺设备,以及三按两遵守的基本功加持,华为坂田基地的通信制造已经悄无声息地达到世界级的水平。

任正非说:"我什么都不懂,就懂一桶糨糊,将这种糨糊倒在华为人身上,将十几万人黏在一起,朝着一个大方向拼命地努力。"这个"糨糊"指的就是管理,任正非用管理将华为员工团结起来,"力出一孔"。制造也不例外。

华为的制造从不好高骛远,而是坚持练好基本功,从一招一式练起,把三按两遵守做到极致。同时,华为广泛吸取制造业优秀企业的先进理论方法,不断迭代,改善产品生产过程,确保质量领先。华为生产基地的标语反映出华为制造的追求:心无旁骛,一丝不苟,专心致志,精益求精。

首先,华为向当时制造领域的标杆企业学习,采取了从对标企业吸引人才、研发转岗、招聘对口专业人才等方式,调集了一大批精兵强将。这一大批人才后来成了推进华为制造发展的后备军。

其次,华为学习优秀企业的先进做法,引进 TPS(Toyota Production System,丰田生产体系)精益生产思想,引入摩托罗拉六西格玛的管理办法和杜邦的安全管理方法。

最后,华为边消化吸收,边自主创新,结合内部场景,形成一整套改善的方法体系,比如成立 HPS(HUAWEI Production System,华为生产系统)改善团队,以生产线作为基础单元，采用精兵作战模式持续进行改善。该团队的触角深入制造各部门，形成高度协同，将改善融入团队血液，让改善工作变成每个部门具体的 KPI 和重点工作。

华为进一步提出了"我们正在做世界上最好的手机"的口号，改善由此进入追求卓越的阶段。华为开始用各种先进办法"降维打击"，比如用表面贴装技术来改造组装，用电商 To C 的方式来改造仓储备料，用超市 + 流水线的方式来进行理货和发料，用大规模个性化定制模式实现下线即发货等。

华为还引进了 AGV（Automated Guided Vehicle，自动导引车）、制造过程和进度可视化、自动排产等工具和方法。用这些先进的方法来改善制造，使得制造效率得到大幅提升。此时，华为的黑灯工厂、无人仓库已经都出现了，整个制造实现了脱胎换骨的改变。

回溯华为制造的整个发展过程，我们会发现，华为制造没有靠花拳绣腿博取关注，而是一步一个脚印练好基本功，对三按两遵守、一个改善这些理念坚定而执着地践行着，不断深挖做细，积跬步成千里。

华为就像乔峰一样，用最简单的"太祖长拳"就能打败各种花里胡哨的"神功"，成为业界翘楚。

工程能力：数字和技术的双重修炼

有一名工程师，当别人问到他年龄时，他的答案永远是出生的年份。于是有人就会感到好奇：为什么不直接说自己的年龄呢？

工程师思索了一下，回答说："年龄会随着时间的变化而变化，如果你记住的是我的年龄，那么过两年你就忘了。但我的出生年份始终不变，未来无论是在哪一年，你都能推算出我的年龄。同理，在我们设计的软件系统中，尽管软件需要的是年龄信息，我们也会记录出生年月日，写一条每年给所有人加一岁的程序。"

这是典型的工程师思维——准确、简洁、有效。这种解决问题的思维方式往往需要对事物的本质有清晰的认识。

华为早期比较盛行工程师思维，任正非还在一次讲话中总结工程师思维："按照事实和数据说话、办事，这也是华为人很鲜明的色彩。"拥有工程师思维的人做事非常认真负责，十分靠谱。华为认为，这种工程师思维是弥足珍贵的，尤其在制造部门，十分需要拥有这种思维的人才。

在这样的影响下，华为供应链也十分重视工程师思维。这种基于数据和事实的思维让华为供应链在做预测、计划时更为准确，演变成了华为人特有的工程能力。

那么这种能力如何构建？主要靠数字和技术两个方面，有了数字和技术，供应链做起来才更加扎实、靠谱。

从数据到数字

两双皮鞋的故事告诉我们，早在 1998 年，华为就已经明白准确的数据对于供应链的重要性，将计划、预测的数据做准，才能提升供应链的效率。那时，华为的目光仅停留在"数据"一词上，还未真正意识到"数字"的重要性。

1998 年，华为供应链沿着 ISC 变革，走上了数字化变革的道路。自 ISC 变革以来，华为供应链逐渐意识到，数字化并不是简单的数据填报，业务和数字不再是"两张皮"，华为数字化建设开始从分散走向集中。

2009—2012 年，华为供应链的数字化建设从国内走向全球，其中包括在 100 多个国家（地区）的 ERP 上线。

2012 年，华为已经构建起庞大而复杂的数字化系统，以支撑公司内部运营，同时支持对外的业务创新。为此，华为提出了 IT 2.0。IT 2.0 的目标是对内实现现金流、物流和信息流的透明可视管理，对外做到公司与客户及合作伙伴的数据共享和高效协同。

2017 年后的 5 年里，华为要实现数字化转型，在研发、供应等业务领域率先实现 ROADS（实时、按需服务、在线、自助、社交化）体验。与此同时，华为还不断探索和引入云技术、人工智能、大数据等数字化技术，为供应链的敏捷高效运转做智能化的支撑。

华为还提出了企业的新愿景:"把数字世界带入每个人、每个家庭、每个组织,构建万物互联的智能世界。"对内,华为供应链各业务领域数字化、服务化,打破了跨领域的信息壁垒,实现了领先行业的运营效率。对外,华为供应链提供的数字化服务让供应链与客户之间的对接更简单、高效、安全,提升了客户满意度。

从数据到数字,华为供应链的数字化转型,归根结底还是为了实现两大目标:一是提升交付效率,二是用更低的成本为客户提供更好、更快的服务,也就是"多打粮食,增加土地肥力"。

相信技术的力量,让数学工具发挥真正效力

君子性非异也,善假于物也。在数字技术方面,华为供应链主动引进数学和系统工程的方法来研究和解决实际业务场景的问题,并且在过程中形成符合业务需求的工具包。这些数学工具有很明显的技术特征,是很多企业在供应链领域不具备的。

举例而言,华为从 2000 年左右开始做 QCC(Quality Control Circle,品管圈),那时正值华为引入精益生产理念。QCC 的运用时间周期很长,覆盖范围也逐渐扩大。早期,华为只是在生产现场运用 QCC,后来延续到整个供应链领域,包括计划调度体系、质量体系等领域。华为通过 QCC 解决了很多实际问题,比如周期管理、经济生产批量管理、超期库存管理等。

另一个是六西格玛,它具有很鲜明的数学统计特征,来源于摩托罗拉。虽然如今摩托罗拉已不如昔日风光,但其于 1986 年推出的六西格玛工具的确给包括华为在内的一些企业带来了益处。

六西格玛的原理是,如果能检测到项目中有多少缺陷,就可以找出系统地减少缺陷的方法,使项目尽量完美。一个企业要想达到六西格玛标准,那么它的出错率不能超过 3.4%。

运用六西格玛,体现了华为在生产现场管理、质量管理上的极度追求。六西格玛在华为持续运用了多年,涉及的领域比 QCC 更为广阔——从供应链的质量、

计调、工程等领域跨越到研发。

华为内部每年会举办六西格玛竞赛，并将范围延伸到了产业链，其因此成为每年规格比较高的一项竞赛。

在此期间，华为与知名高校联合，对供应链业务进行模拟仿真和数学建模，沉淀方法论。供应链中最难啃的骨头莫过于交付周期，华为应用概率论方法，引入95%置信区间来压缩周期，使手机在国内率先实现两天交付、客户满意度大幅提升，并进一步总结出周期改善三部曲的方法。

在智能制造的推行上，华为对标博世、丰田等标杆企业，应用数学建模，形成业界领先的终端智能调度系统。该系统的全称是终端制造先进调度系统（Terminal Manufacturing Advanced Scheduling System），英文缩写的中文谐音是"托马斯"，寓意无所不能的小火车头，象征着计划调度是供应链体系的指挥棒。记得笔者在一次新员工座谈会分享，供应链对华为成就世界级管理体系有所贡献，其中有个诀窍就是重视现场改善，在实践中进行创新，实现自我迭代。

总之，数字和技术在华为工程领域得到了充分的重视。通过活动、竞赛、变革等多种形式，数字和技术不仅解决了华为的实际业务问题，更沉淀为一种内部可复制、外部可向产业链延伸的工程能力。

质量管理的三道防线

一直以来，华为供应链对三这个数字，情有独钟。事实上，三体现了华为做事情的节奏，不是一蹴而就，而是循序渐进，不断迭代。三化一稳定、标准三率、周期改善三部曲、交付三道防线、质量管理三部曲……通过在各领域推行"三步走"战略，华为逐渐优化供应链管理，实现敏捷高效交付。

在质量领域，除了美国质量管理专家朱兰提出的质量管理三部曲，还有一个"三"在华为供应链起关键作用，即质量管理三道防线。

华为提出："我们的目标是以优异的产品、可靠的质量、优越的终生效能费用比和有效的服务，满足顾客日益增长的需要。质量是我们的自尊心。"任正非也曾指出："我们绝不能为了降低成本，忽略质量，否则那是'自杀'，或'杀人'。搞死自己是'自杀'，把大家都搞死了，是'杀人'。"

在早期，由于受资金、技术等因素的影响，华为的产品质量相对于思科、朗讯那些国际主流企业而言，还存在一定差距。

华为内部进行过多次讨论，发扬永不满足的精神，提出质量是公司的生命线和自尊心。在追赶的过程中，华为对标业界优秀实践，结合自身业务，创造性地提出了质量管理三道防线。

防线一：供应商出厂

为学习质量管理体系，以及先进的制造模式，华为曾组团到宝马工厂参观。在参观过程中，华为员工被宝马的产品管理体系所震撼——生产现场井井有条、各环节衔接紧密、产品几乎零缺陷。

参观结束后，华为一名员工忍不住问宝马负责人："产品为什么做得那么好，能用一句话总结吗？"面对提问，宝马负责人分享了经验："如果要用一句话总结的话，那就是因为宝马工厂的来料都是好料。"

看似十分简单的一句话，华为却听进了心里。于是在质量管理三道防线中，华为将供应商出厂质量管理放在了第一道，希望能通过这道防线，把好来料关，确保源头是好料，让后端制造更加得心应手。

为保障供应商出良品，华为下了很多功夫。其中非常关键的一个举措是质量管理前移。从 IQC（Incoming Quality Control，来料检验）前移到设备前移再到标准前移，华为不断统一自身与供应商的标准，以此保证质量的一致性。在统一的标准体系下，供应商进行不断的优化和迭代，不断提升出货质量。

对华为供应链而言，质量管理前移是后端环节提前介入前端环节并互相协同的一种良性管理方式。这种管理方式是动态的、主动的、协同的。虽然把控来料质量在质量管理中是一件很困难的事，但华为敢于挑战困难，通过质量管理前移，通过与供应商的产业链的协同，全面提升了华为的产品质量。

防线二：收货

第一道防线的设置并不能 100% 地拦截不良品，总会出现一些"漏网之鱼"。于是华为设置了第二道防线——收货，利用 IQC 提前筛选出不良品。

IQC 的工作方向是从被动检验转变为主动控制，将质量管理前移至最前端，发现质量问题后，避免不良来料流入生产过程，并给后端生产留出处理时间。

华为通过将人员、检验设备、检验方法都前移至供应商，统一了 IQC 标准与供应商出厂质量标准。

与供应商合作后，华为供应链在日常接受来料的过程中，需要依据常见出厂问题的前置清单将品质不好的筛选出来，提高内部控制水平，同时进行运输过程失效的针对性检验，以及外包装损坏、器件震动性测试等，检验结束后会出台供应商分级名单，名单标准会具体体现到排队时延等。

从短期来看，这种打蛇打七寸的方法对供应商有着强大的震慑力，快速有效地控制了华为供应链的质量源头。从长期来看，IQC 前移有助于完善供应商的质量体系。

该环节并没有对所有产品进行 100% 的检验，而是针对前端做不好或不容易拦截的地方进行复检，通过一些先进、专用的自动化设备进行拦截。

经过两道"大坝"拦截后，来料的质量可靠性得到极大的改善。

防线三：制造

制造是华为产品形成的落地环节，也是产品出厂质量的最后一道防线。在制造环节，华为采取以下 3 种方式来控制质量。

践行"三不"理念：不接受不良品、不制造不良品、不传递不良品。华为通过宣传这些理念，将质量管理理念深深印在每个员工心中。

华为设置了制程品质管理、半成品检验、终检、出货检验。将质量管理的方法直接植入生产环节，使生产全流程更为顺畅。

华为提出"否机"的概念，即机器质量被否定。在随机开箱检验时，如果发现有质量不合格的情况，就可以提出对上一批产出的所有产品进行复检或返工的要求。连续出现两次否机则要求降低产量，连续出现3次否机则有权要求停产整顿，整顿措施经验证有效后重新逐步恢复生产。

通过三道防线的拦截，华为的产品质量得到了很好的保障，华为产品也得到越来越多客户的喜爱。

2016年是手机行业的分水岭。当各家品牌还在争相往高端旗舰产品领域进发时，华为已凭借"以客户为中心"的华为质量管理模式获得国家质量监督检验检疫总局（现为国家市场监督管理总局）组织实施的中国质量领域最高政府性荣誉——"中国质量奖"。

这场隆重的颁奖仪式在人民大会堂举行，华为凭借专业的质量管理赢得了在场所有人的尊重。

第 **6** 章

供应问题，从采购开始

供应链中出现的不少问题都与采购环节有关。

物料品质存在问题，导致产品质量不过关；

采购时间延迟，导致交付不及时；

物料成本太高，导致企业负债累累；

······

采购是供应链的源头，一旦采购出现问题，企业的供应就会出现问题。

对于制造企业而言，用50%～80%的销售额采购零部件、原材料是常规操作。采购的效率、订单的执行情况会直接影响企业是否能快速灵活地满足下游客户的基本需求；采购成本直接影响企业最终产品的定价，以及整条供应链的最终获利。

可见，采购是供应链管理中十分重要的一环。企业只有协同内部与外部的采购，才能有效满足客户需求，降低库存成本，解决供应问题。

采购不只是买买买

采购的工作就是"买买买"，是不少人对采购的误解。

不论是对采购管理者，还是对采购具体操作人员，不少人似乎都存在这种误解。为什么会形成这种刻板印象？

这与采购的职责存在一定联系。在供应链中，买原材料、买半成品、买设备、买夹具、买辅料、买办公用品，是采购的基本职责。

在大多数情况下，除了采购人员，其他部门人员不会关心采购和买东西之间的区别。所以大家认为采购的工作就是"买买买"，其实也无可厚非。

在采购人员看来，虽然采购和买东西同属购买行为，但是二者存在明显的差别。这种差别，至少是普通和专业的差别。

从本质上看，买东西是"我需要一些东西，然后我买了"。而采购更侧重"为什么买"和"怎么买"，购买目标与企业目标保持一致，不仅仅是为了购买物品。

举例而言，假设我们要买蔬菜做饭，到最近的菜市场买回需要的东西即可。在这个过程中，我们几乎不需要做任何研究，不必考虑蔬菜批发市场价格更低，也不用关注商家人品如何，这就是典型的买东西。

而采购则不同，如果我们为宴席做准备，需要购买品种多、数量大的蔬菜。在这种情况下，我们不会直接去最近的菜市场开展购买行为，而是会先做大量的研究工作，对附近的菜市场进行考察，对它们的价格或质量进行对比，就交货方式、价格和其他条件跟商家进行谈判，最终决定购入蔬菜的渠道。

所以相对于"买买买"，采购显然是一项专业活动，需要更高水平的技术能力。

买井盖的采购员

"什么，华为还要买井盖？你以为我不知道华为是做什么的吗？你是骗子吧！""我这边真的是华为！我……"话还没有说完，耳畔已经传来了"嘟嘟"声。这是华为采购人员某天上午被挂断的第三通电话。

电话中提到的井盖，确实是华为采购认证管理部需要采购的物料之一。

华为在非洲固网项目的工程，放置接头盒的人井需要防盗球墨铸铁井盖，但非洲部分国家（地区）工业基础落后，没有符合华为要求的供应链提供物料。为找到最合适的物料，华为发现从国内采购井盖是最优方案，所以采购认证管理部就接到了该采购需求。

令人意外的是，采购人员刚在电话中自报家门，就被供应商当成了骗子。他们认为，华为是做通信的，怎么会要又黑又笨重的井盖？

但事实是，无论是什么样的物料，只要华为在项目中需要用到，都会严格筛选后购买。

华为采购不是一个单纯负责"花钱"的岗位，而是一个对信息流、产品流、资金流进行综合管理的岗位。其操作具有一定难度，需要充分了解客户需求，在确保质量、控制成本的情况下做到快速供应，同时需要在特殊时期进行连续性供应，协同管理供应商，维护产业链的健康。

在采购过程中，华为采购人员主要测算采购成本，寻找供应商布局资源，协同产品线确定型号；实地考察供应商资质和能力；对公司规模、可能存在的风险和财务状况做到心中有数……

华为产品线复杂多样，需求千差万别，从交互式的电子白板到基站机柜中防止锂电池被盗的蜂鸣器，都需要采购人员一一做好采购工作。

从采购 1.0、采购 2.0 到采购 3.0

从华为采购的 3 个发展阶段来看，采购已不是当初简单的"买买买"。

第一个阶段是采购 1.0 阶段，也叫价格采购阶段。相较于其他部门，此时采购部门已在供应链率先成立。无论什么类型的企业，要想发展，必须要先买东西，然后才能卖东西。所以这一时期的采购部门，80% 的业务都是"买买买"。

采购 2.0 阶段，也叫价值采购阶段。在这一阶段，采购的作用发生了变化。此时供应链的职责越来越丰富，比如建立计划职能、培养制造自制职能、引入外协质量管理。此时采购部门开始进行分工，负责执行采购的采买员、负责寻源和价格谈判的人员逐步形成搭档。在这一过程中，采购在企业降本增效里起着很重要的作用。

第三个阶段是采购 3.0 阶段，也叫战略采购阶段。在这一阶段，采购前端与研发部门协同发展，后端与多级核心供应商协同，进行行情管理，对企业的发展起到了战略支撑的作用。此时采购部门的分工就更为明显，专业化程度进一步提高。华为为拉通研发和生产，还设立了 Buyer、TQC（技术质量认证）、CEG（物料专家团），形成了所谓的采购"铁三角"。其中，采买员相当于业界的采购员。TQC的主要工作包括物料技术质量认证、来料质量异常处理和供应商质量表现管理。CEG 负责采购某一类或一族的物料，以满足业务部门、地区市场的需要。

由此可见，采购并不是简单的"买买买"，这种认知是片面的、浅显的。企业要重视采购职能，打造专业的采购组织，丰富采购的价值和内涵，从战略高度来管理采购，让采购在供应链管理中发挥应有的效用。

采购审厂：一场没有硝烟的战争

无论是供应商引进，还是合作过程中例行的审核、退出管理，企业采购都离不开审厂这一环节。

关于审厂，业界总结了不少经验。华为也不例外。华为在审厂上，不仅高度重视，还总结经验，形成了一整套独特且有效的体系，总结起来就是严格、体系化和改善相结合。在华为眼中，审厂就是"上战场"，是一场华为与供应商之间没有硝烟的战争。

不少企业都想成为华为的供应商。企业只有顺利通过华为审厂，才有资格成为华为的供应商。被华为认证过的工厂，是经得起考验的，有很高的产品质量和交付水平。被华为"盖过章"的供应商，即便之后没有接到多少华为订单，也会因为这个信用背书，接到海量、稳定来自其他企业的业务。

而华为作为考核供应商的"甲方"，希望进入华为供应体系的供应商都具有质量好、交付快、绩效稳定的特点，希望合作的供应商能给华为的产品质量体系、供货体系提供强有力的保障。

由于双方需要争取不同的利益，双方合作难免会有不少"博弈"。比如，华为在审厂过程中，会遇到一些想蒙混过关的供应商。如何甄别这些供应商？如何引入质量好、交付快、绩效稳定的供应商？这些都对华为采购部门提出了巨大挑战。为解决这些问题，华为采购部门不断创新和迭代方法论。

华为审厂到底有多严

一家供应商在某天接到了华为的合作通知。

在电话那头，对方得知该消息后，激动地对负责对接的同事说："终于通过了！你们是我见过审厂最严的企业，希望合作愉快！"

不止这一家供应商，不少与华为合作的企业都曾这样"吐槽"过华为审厂之严。

华为对合作伙伴的要求很高，要想通过华为的审厂，供应商需要通过两大认证。

一是体系认证。如果华为和供应商有意开拓业务关系，采购部门会要求潜在供应商完成调查问卷，问卷重点考察供应商的资质、能力和意愿。收到供应商的调查问卷回执后，采购部门会组织评估问卷，重点审查资质，如有必要也会与供应商面谈。根据问卷及资质审查，采购部门决定是否需要现场考察。

二是产品认证。通过现场考察后，华为需要对样品进行测试与小批量验证，确保供应商的产品满足规格要求，产能满足需求。

采购部门会根据体系认证结果和产品认证情况进行综合评估，将认证的结果通知供应商。如果通过评估，华为会与供应商签署采购协议，将其列入华为的合格供应商名单，采购部门启动供应商基本信息变更及维护。

选出合适的供应商后，华为供应链对供应商的认证实行分层分级制度，具体实施 5 级认证制度，即市场供应基础供应商、潜在供应商、合格供应商、核心供应商和战略供应商。

对提供关键物料的供应商，华为希望能与之长期合作，共同发展，希望其能在华为困难之时提供支持，甚至当产品发生变化时，希望供应商能共进退，在部分投资上合作共谋。

华为引进合适供应商后，并不意味着就可以高枕无忧。对于其中"躺平"、表现有所退步的供应商，华为会做"绩效考核"，并牵引改善。

比如华为发明的 PCN（Process Change Notice，工序改动通知）审核、质量管理 31 要素(华为供应链质量管理的量化依据)审核都是对供应商在不同能力范围、不同阶段的审核。为满足国外大客户定制化和其他诉求，后来华为还添加了大 T（大型电信运营商）审核。

华为在内部做了改进后，将一些行之有效的模式、做法加入审核，以便与供应商共同进步。

华为在与供应商的合作中始终秉持"优胜劣汰"的原则，这与员工管理的"末位淘汰"有异曲同工之处。

松日是曾与华为合作的一家供应商，早期与华为合作融洽。随着 2013 年、2014 年华为业务的崛起，该供应商的业务也同步增长。但就是这样一个曾经默契的合作伙伴，后来因为集团资金链断裂，让华为的业务受到了损害。华为通过例行采购审厂，很快发现了这个问题，并果断采取行动，终止了与松日的合作。

物竞天择，适者生存。华为深谙这一道理，在供应商的管理上体现出明显的竞争，从而使华为供应链的供应始终保持活力。

客户助力华为进步：与 KDDI 的 3 次"握手"

华为的采购审厂，包含两个方面，一个是审核华为产业链的供应商，另一个是接受客户审核。华为供应链的做法是将客户要求，反映给供应商，从标准上确保一致性。

2008 年 7 月，日本第二大、全球排名第 12 位的电信运营商 KDDI 对华为工厂进行了第一次审核。那时，华为员工都自信满满地认为审核很容易通过，毕竟华为拿了那么多证书，应该不会有问题。

那次审核的主审员是 KDDI 的福田先生。他用随身携带的三大法宝（手电筒、放大镜、照相机）和白手套在华为员工面前展现了一次十分严谨且细致的检查：手电筒用来照设备和料箱的灰尘，放大镜用来看焊点的质量，照相机用来拍实物照片，白手套用来抹灰尘。

审核完后，福田先生说 ESD（Electro-Static Discharge，静电释放）做得不好，华为的工程师立马解释说 ESD 已经通过了国际认证。福田先生说单板上的焊点不饱满、不美观，华为的工程师解释说华为达到了 PCBA（Printed Circuit Board Assembly，指印刷线路极的制作流程）外观检验的国际标准了。

第一次审核结束后，福田先生十分生气地丢下 93 个问题回了日本，并且托人传话，说华为工厂质量水平不行，华为工程师不够谦逊。

对于福田先生的审核结果，华为员工的第一反应是震惊，紧接着就是争论。有人说，福田先生吹毛求疵，毕竟华为早已达到了行业标准；但有人认为，客户是认真的、真诚的，我们应该拥有开放的心态，在质量上要有更强的进取心。

经过高层讨论后，华为决定抛开分歧与争议，用 KDDI 的标准，以客户的眼光改进现场和设备，对其进行优化。

5个月后，华为再次费了九牛二虎之力将福田先生请来，准备迎接KDDI的第二次审核。在审核过程中，华为员工如坐针毡。虽然此次审核福田先生依旧列出了57个问题，但是给出的审核结果是通过。

"这次做得不错，其中ESD改善得很好。IQC部门在所有领域中做得最好，只有9个问题，有些做了10多年的公司问题都不下30个。装配部门做得不是很好，指导书还需要再完善一下才能更上一个台阶。大家再接再厉！"福田先生对华为员工说道。

于是在2009年的10月，KDDI给了华为第一份合同，但是对华为并未完全信任。同年11月，KDDI派出8名专家再次来到华为，在华为工厂蹲点，全程观看华为的制造过程，从原材料分料到成品装箱，KDDI的专家都要亲眼看过、检查过才放心。

为期8天的生产全过程厂验，华为员工一丝不苟、全心投入，终于用努力和真诚感动了KDDI，取得了KDDI的信任。

与KDDI的3次"握手"，让华为明白了什么才是真正的高标准、严要求，而这3次令人印象深刻的经历让华为更加深刻地理解了客户的需求，也让华为在寻找供应商时有了更高的标准和要求。

利益共同体是获胜的法宝：从供应商到合作伙伴

一切因采购而起，也要因采购圆满。虽然华为是放眼世界的企业，但骨子里仍保留着中国传统的气质。

当国内企业老板纷纷在镜头前展示个人魅力时，任正非十分低调、鲜于露面。当世界标杆企业力争上市时，华为却是世界500强企业中唯一一个不上市的企业。尽管华为在这些事情面前显得低调，但华为对合作伙伴始终保持着高度的真诚与热情。

2018年12月，华为发布了一封致全球供应商伙伴的公开信。信中指出，在过去30年里，华为坚持价值采购、阳光采购的原则，与全球13000多家企业通过互利、互信、互助的广泛合作，共同打造了健康的 ICT 产业链。虽然华为遭受美国施压，但是并不会因为美国的无理，改变与全球供应商伙伴的合作关系。华为表示愿继续与供应商互信合作、荣辱与共。

从这封公开信中，我们看到了华为对供应商的真诚。

华为供应链从不称供应商为供应商，而是称之为合作伙伴。一个简单的称呼背后是深刻的理解——华为供应链认为，要与产业链的合作伙伴形成利益共同体，这才是供应链获胜的法宝之一。

与合作伙伴形成利益共同体，并不是一蹴而就的事情。

早期，华为做通信基站的研发和制造时，还没有考虑到与合作伙伴的关系。因为当时华为自研自制，没有多少合作伙伴。

1996 年以后，华为的规模逐渐扩大，除了自己生产核心设备外，工程施工及施工辅料的属地化采购没有足够专业人手负责。于是，华为将人力外包。后来，随着业务的扩张，要采购的物料越来越多，华为与供应商的合作也就水到渠成。

1999 年左右，制造领域的不少供应商能力非凡，已经达到了世界级的水准。无论是质量还是效率，供应商都做得很好。于是任正非做出了一个大胆的决定——将制造外包给供应商。

在这个过程中，任正非始终认为要友善地对待供应商。正是出于这种初心，华为供应链从上到下都尊重合作伙伴，并且与合作伙伴分享利益。

华为业务在 2000 年呈现多元化发展后，在运营商领域坚持核心的业务自制，非核心的业务外包。在手机领域，华为甚至在 2008—2010 年将自制取消，全部实现外包。

经过不断的探索和磨合，最终华为呈现出一种自制与外包相结合的方式。在这个过程中，大量供应商出现，如制造领域的富士康、比亚迪、伟创力、光弘等，物料领域的京东方、欧菲光等，物流领域的 DHL、顺丰等，报关领域的报关行等。可见，华为的合作伙伴数不胜数。

这些供应商都经历过华为采购部门的精挑细选，也经历过量产交付，才进入供应商管理体系。同时经过采购审厂等关键举措的迭代，这些供应商逐渐呈现专业化发展趋势，头部企业越来越多。优秀供应商的涌现又进一步推动华为产品的进步。可以说，华为与产业链合作伙伴真正实现了共生共赢，可谓业界佳话。

华为的底气来自合作伙伴

2010 年，华为手机还没有崛起，正处在给运营商做配套的白牌阶段。某天，有一家供应商的高层给华为终端采购部写了一封信。信的主要内容是反馈当时的一款手机的包装不合理，体积过大，存在明显浪费，然后提出改善建议，希望成本下降带来的收益由双方共享。

收到信之后，采购部安排 TQC 部门和物流工艺部门进行专题分析，很快得出结论：完全采纳该建议，并把问题反馈给研发部门，从源头进行设计整改。

其实这个例子，只是华为与供应商合作改善的一个缩影。

供应环节的成本优势在于如何将供应商看作自己潜在资源和能力延伸的一部分，而不是仅仅将供应商当成单纯的物料提供者。"如果我们采购人员只会机械地讨价还价，而不能建立好与供应商的长远合作关系，就会葬送公司的明天。"华为始终这样认为。

在企业的经济合作中，偶尔一次的你情我愿的合作对象并不能称为伙伴。只有双方将对方的未来纳入发展轨道之中，愿意共享收益、共担风险，才能被称作合作伙伴。

那么华为的合作伙伴是谁？

2018 年 11 月 7 日，华为在深圳举办了一场"2018 华为核心供应商大会"，到场的核心供应商共 150 家，其中有 92 家获奖。此次公布的获奖名单中有不同水准的供应商，如图 6-1 所示。

在这场大会中，华为颁发了六大奖项，分别是"连续十年金牌供应商""金牌供应商""优秀质量奖""最佳协同奖""最佳交付奖""联合创新奖"。

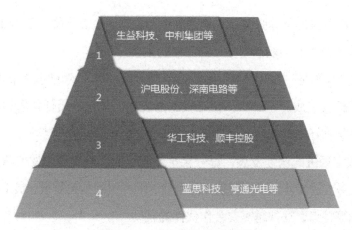

图 6-1　不同水准的供应商

　　连续十年金牌供应商有英特尔、恩智浦；金牌供应商有富士康、比亚迪、索尼等；荣获优秀质量奖的有赛普拉斯、松下、高意等；最佳协同奖的获得者为迈络思、台积电；核达中远通、凤河、亨通光电等供应商获得最佳交付奖；联合创新奖被伯恩光学、铿腾电子、菲尼萨等企业收入囊中。

　　正是由于这些优秀供应商的合作，华为才有足够的底气直面各种困难，取得今天的成就。

　　如今，华为已形成高度的战略共识——要与供应商形成利益共同体，最后形成产业链协同。有了这种非常强的产业链协同，华为供应链的能力才会得到更好的保障，从而使华为产品更有独特的竞争力。

华为"低作堰"的管理哲学

　　在形成利益共同体的过程中，华为也将利益共同体与文化进行高度融合。2009年的运作与交付体系奋斗表彰大会上，任正非发表了著名的"深淘滩、低作堰"的观点。

　　他认为："深淘滩，就是不断地挖掘内部潜力，降低运作成本，为客户提供更有价值的服务。客户绝不肯为你的光鲜以及高额的福利多付出一分钱。我们的任何渴望只能通过努力工作满足，别指望天上掉馅饼。公司短期的不理智的福利政策，就是饮鸩止渴。低作堰，就是节制自己的贪欲，自己留存的利润少一些，多让利给客户，以及善待上游供应商。将来的竞争就是产业链之间的竞争。从上游到下游的产业链的整体强健就是华为的生存之本。物竞天择，适者生存。"

这是李冰留下的治堰准则，是都江堰的主要"诀窍"。

其中，"低作堰"指的是飞沙堰要低。飞沙堰过高，虽然枯水季节可以多进水，但洪水季节却会造成严重淤积，使工程逐渐废弃。任正非用低作堰喻指华为不能把所有的利益和好处都往自己怀里揽，揽得多了，必然会适得其反。

随着数字经济的快速发展，每一家企业制定的战略规划与发展路径都会决定企业自身业务的进步水平。规模越大的企业，因为组织结构复杂、员工数量众多、业务线交织等特点，往往越需要合作伙伴的辅助。

在 2022 年的"华为伙伴暨开发者大会"中，华为轮值董事长胡厚崑强调，在与合作伙伴开展合作的过程中，华为始终坚持"以利益为纽带、以诚信为基础、以规则为保障"的原则。

从规则的制定与秩序的执行，到企业内部组织结构的调整，再到员工专业性的提升与保证，华为都在不遗余力地践行企业发展策略与伙伴合作原则。

华为运营商 BG 总裁丁耘曾说过："华为不做机会主义者，我们坚持'有所为，有所不为'。""有所为"是指聚焦主航道，将目光聚焦在复杂的软硬件平台上。"有所不为"是指发挥合作伙伴在交易与服务客户方面的优势，从研发、营销、销售、服务等方面赋能伙伴，拓展更大的商业市场。

在战略项目上，华为为保证合作伙伴的利益，不惜主动承担风险，让利于人。曾经与华为一起承揽某交通大学高性能运算中心项目的友邦佳通总经理，在与华为合作后感慨："我在项目中看到了华为与合作伙伴共进退的态度，除了合作态度外，华为的技术方案也令我们相当有底气。"

在合作中，这种放低姿态、诚信务实的工作态度，让华为收获颇丰。汽车行业的巨头大众汽车集团的一家供应商与华为签订了专利许可协议；英国的 O2、EE 和沃达丰都坚定地表示用华为 5G 设备，并且已经开展测试；除此之外，英国的 3 家移动运营商表示已经和华为签订了 20 亿英镑（1 英镑约 8.41 人民币）的合约……

不得不承认，华为把供应商定位为合作伙伴的理念，背后其实是对利益共同体的真知与实践，也是华为供应链近年来获胜的法宝。

第 3 部分

能供，其次要供得好

只有接不回来的单，没有交不出去的货。
——华为供应链口号

第 **7** 章

供应链核心能力建设

随着全球石油价格的上涨，新能源汽车逐渐受到消费者青睐。在新能源汽车热度的加持下，华为乘势而上，联合塞力斯推出了一款 AITO 问界 M5。

令人感到意外的是，在特斯拉、比亚迪、领克等品牌早已占据汽车市场的情况下，这款由华为深度赋能的电动汽车依然能在上市后的 87 天里，累计交付突破万辆，单月销量突破 5000 辆，创造了品牌单款车型交付破万最快纪录。

"刚拿到这款车时，我就不由地想到电影《无问西东》的同名主题曲——在世界之外，在时间之中，无问西东……"笔者朋友曾这样分享提车后的喜悦。"座舱内所见之处皆显大气，车内最直观的能直接体现华为标签的当属 HUAWEI SOUND 音响系统了，声声入耳，高低音分明。"

AITO 问界 M5 为什么能获得成功？除了华为品牌背书外，最重要的是其背后打不垮、拖不烂的华为新能源汽车供应链的支撑。

早在 2022 重庆车展阿维塔科技发布会上，华为轮值董事长徐直军就曾表示："中国未来智能网联新能源汽车产业，中国在现有的供应链体系基础上，通过华为、宁德时代等企业的努力，就能够自己打造起来，而不依赖于国外。"

在官方场合中，华为多次重申自己不会直接造车，而是要帮助车企"造好车"，成为智能电动汽车的"增量零部件供应商"。这里所说的"增量零部件"是指支持汽车智能化、网联化、电动化等的零部件。

为了达成这一目标，华为于 2019 年 5 月拟定了智能汽车解决方案（IAS BU），华为供应链通过积累领先行业的智能电动汽车软硬件技术，推出了数量可观的软硬件产品，为智能电动汽车行业提供优质零部件。

AITO 问界 M5 汽车的蓬勃发展是华为供应链雄厚实力的一个缩影。15 年前，华为供应链无人问津，仅仅发挥了"供得上"的作用；15 年后，业界争相效仿华为供应链的做法，让供应链达到"供得好"的水平。

任何事物的发展都有一个循序渐进的过程。华为供应链从最初的"供得上"到现在的"供得好"，最重要的就是构建了供应链的核心能力体系。通过核心能力体系，华为保障整个供应链不仅能供得上，而且能供得好。那么怎样才算"供得好"？我们可以通过目标、导向、关键能力等指标进行衡量。

目标：产品竞争力和服务品质

华为原副总裁周辉曾在 2016 年的迎新春思享会上分享了麦肯锡和沃尔玛的故事，令笔者记忆犹新。

早期麦肯锡的战略定位是文具批发商，并且是沃尔玛的独家供应商。在一次聚餐中，麦肯锡老板对沃尔玛老板说："十分感谢这些年来你们一直将我们当作独家供应商。"表达完感谢后，麦肯锡老板继续问道："请问你们选择我们是不是因为我们的产品比别人更好？"

沃尔玛老板回答："你们的产品与别人一样。"

"那是不是我们的价格比别人低？"麦肯锡老板追问道。

沃尔玛老板答道："你们的价格比别人高。"

听到这里，麦肯锡老板感到十分疑惑："我们的产品跟别人一样，价格还比别人高，为什么您还把我们当作独家供应商长达 5 年之久？"

沃尔玛老板解释道："这 5 年里之所以将你们当作独家供应商，是因为你们每次给我们送货时，都会告诉我们货品应该摆在哪里。比如男性使用的货品，你们会告诉我们要在进出口多摆放一些；女性使用的货品，你们指导我们要注重进口处女性柜台的设计，将柜台设计成圆形。学习你们的专柜经验，能让我们的货品卖得更好。"

听完沃尔玛老板的解释，麦肯锡老板恍然大悟，原来他们的竞争力并不是做文具批发，而是做客户分类和管理咨询。找准自身竞争力后的麦肯锡，为其客户带去了更好的服务，最终成了全球知名的管理咨询公司。

华为建立供应链的目的，就是从客户中来到客户中去，提供客户所需的产品，体现它的价值。因此，强化产品竞争力是华为供应链的必然使命。

同时，华为供应链在交付过程中提供了大量服务，如制造服务、物流服务、采购服务。华为供应链要通过这些服务形成较高的性价比。因此，华为要打造产品的竞争力水平和服务水平都很高的供应链体系。

但要构建这种供应链体系，谈何容易。对此，华为曾提出，要建立一个良好运作的供应链体系，应该从 3 个方面入手——首先是流程，其次是 IT，最后是组织。

涅槃重生的秘诀：流程在先

一款滞销产品在仓库静静地"躺"到过期；

一款尚在保修期内的商品竟然无法买到维修部件；

一款产品规格的修改通知没有及时告知供应商；

……

这些是在早期华为供应链里经常发生的事情，这些都可以归咎为服务或产品生命周期管理流程的缺失。针对不同的生命周期，供应链应有不同的流程策略。

华为内部曾流行一个经典说法——进入新部门后，必须要从流程、IT 和组织入手，并且顺序不能颠倒。为什么一定要流程在先？因为华为员工需要明白供应链体系运作的基本规则，包括流程、规范、制度、工具、模板、表单等。

企业再造之父迈克尔·哈默说过："对于 21 世纪的企业而言，流程将十分关键。优秀的流程将使成功的企业与其他竞争者区别开来。"

华为供应链的变革，正是从学会用流程解决问题，从业务流程切入开始的。这是一种典型的流程化思维。

1998 年，华为 ISC 变革的主要目标就是建立华为的集成供应链流程。在这个过程中，华为供应链应用 IBM 的流程化思维，结合华为实际业务场景，构建出一整套华为供应链流程、方法和工具，进而支撑华为形成自己的供应链管理体系。这套供应链管理体系成了华为后来开疆拓土的重要武器，创造了巨大价值。

任正非说："坚持以流程优化为主题的管理体系建设，不断优化流程，让它逼近合理。"正是由于华为秉持这种无限逼近合理的流程理念，经过20多年的发展，华为供应链的流程化思维已深入人心，实现了"事事有流程、人人遵流程、处处见流程"。

在流程优化的过程中，华为遇到过不少难题，但最终都顺利解决。比如在2007年的流程活动盘点中，华为攻克难题，提升了华为CBG供应链的流程效率。

那时，华为终端公司成立已经有3年，终端公司的业务已经趋于稳定，但是流程运作不断出现新问题。举例而言，泛网络设备安装需要的工勘动作，终端产品根本不需要，但它在终端产品的合同处理环节中堂而皇之地存在，使得CBG供应链流程效率不高。

类似的情况不在少数，为解决这一根本性的问题，CBG供应链成立流程梳理项目组，特别邀请泛网络的流程专家来做指导。CBG供应链从基层到高层，几乎所有环节都按照规范的流程优化方法自上而下地进行全面梳理。

一个月热火朝天的梳理不仅没有取得预期效果，反而导致业务部门怨声载道。

"在终端业务的高峰期，我们这么忙，还要学习流程管理的新方法，根本忙不过来。""自上而下的梳理只是套用流程方法，对具体业务场景和实际操作考虑得较少，根本没有产生实际效果。"不少员工抱怨道。

再加上流程梳理见效慢，流程梳理的活动让华为终端员工逐渐失去了耐心。

正当华为终端高管为这种情况一筹莫展之际，项目组的一位物流主管受到物流部门一年一次的年终盘点的启发，提出了流程活动盘点。

"既然自上而下的梳理不行，何不参照物流盘点，从实际业务出发，对最基础的流程活动进行盘点？做到不多不少、不重不漏。"此建议提出后，便得到大部分人的认可，大家认为该方法容易理解和推行。

于是项目组决定采取新的流程梳理方式。首先，供应链每个领域重新确定3～4个成员作为金种子选手参与进来，每个领域选取一个流程作为试点，先打样再复制。

与此同时，将"由专家主导梳理"转变成"由业务部门自己主导盘点"，专家只需要提供流程的方法和工具，并在框架上做规范即可。改善后的流程梳理组织和方式大大激发了参与者的活力和主动性。

不到一周的时间，供应链订单、计划、采购、制造和物流等领域就完成了试点流程的活动盘点，盘点的成果也逐渐涌现出来，激励着大家尽快复制和迁移到其他流程。

经历了半年左右的流程活动盘点，华为 CBG 供应链完善了供应链五大领域中的各级流程近 50 个，组织编写流程文件、规范和指导超过 100 份。在这个过程中，华为 CBG 供应链管理团队的流程化思维得到空前强化，一批流程活动盘点的金种子选手涌现出来，而这些人后来都成了华为 CBG 供应链的顶梁柱。

在流程中奔跑，在 IT 系统中固化

华为轮值 CEO 徐直军曾写过一篇名为《谈业务、流程、IT、质量、运营的关系》的文章，其中论述了华为 CBG 供应链业务流程与 IT 之间的关系，在华为内部广为流传。

在这篇文章中，徐直军用 5 句话精准地概括了业务流程与 IT 之间的关系，其中有一句短小精悍，令笔者印象深刻——数据是在流程中奔跑的信息，IT 是用技术手段来固化流程。

相较于人，IT 的出错概率较低。IT 承载了业务流和数据，支持每个作业及输出的数据。IT 能实现数据之间的集成、流程的自动化，工作效率比人高。因此，供应链流程化建设的最高境界就是端到端、整个业务流全由 IT 支撑，所有作业与数据由 IT 系统支撑。

没有 IT 支撑的流程容易成为一堆文件，难以执行。深谙此道理的华为供应链将流程嵌入 IT 系统，解决了手工操作易出错和重复操作的问题，大大提升了供应链的效率。

过去的流程实施一个业务需要许多步骤，只含有很少一部分的合理步骤，如图 7-1 所示。

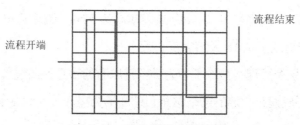

图 7-1　过去的供应链流程

如今，将流程嵌入 IT 系统后，步骤大大减少，如图 7-2 所示。

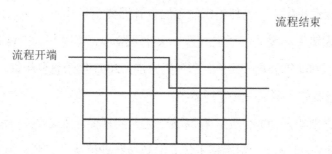

图 7-2　如今的供应链流程

将流程嵌入 IT 系统，给华为带来了哪些方面的好处？

举例而言，华为云计算系统的研发，将全球 15 个数据中心汇聚成一朵"云"，支撑 23 个研究所 7 万人协同开发。依托华为云计算系统，桌面云支撑敏捷开发，任意终端任意地点接入，支撑快速组建敏捷开发项目组。与此同时，桌面云还能杜绝终端信息泄露，保护供应链的数据安全。

再比如，全球化的信息化网络将 430 个分支和 150 万人连接在一起，覆盖全球 140 个国家（地区）节点，连通全球 687 个办公场所。卓越的 IT 系统将全球供应链体系打造成了一张网，将 IT 技术贯穿所有生产环节，服务所有员工，提升了供应链的交付效率。

在将流程嵌入 IT 系统前，华为 ISC 变革存在不少痛点：各环节独立运作，存在"部门墙"；库存增加；响应慢，交付不及时；发货常出错……

将流程嵌入 IT 系统后，华为集成供应链变化尤为明显——流程衔接顺畅、预测准确，同时还能保持合理库存，快速响应并交付，正确发货。拥有 IT 思维的华为供应链，仿佛被打通了"任督二脉"。相关数据显示，华为集成供应链的市场预测周期从半年延长到一年，库存准确率高达 98%，销售订单处理的周期缩短 35%，财务结账周期也从 15 天缩短至 5 天。

统一的 IT 系统管理，消除了华为供应链原有的信息孤岛现象，同时收集了全球客户需求，形成遍布全球的网络触角，助力华为提升了企业竞争力。

螺旋式上升的组织架构

在一次次危机中，华为靠组织的顶层设计涅槃重生。

华为曾因错失小灵通市场陷入过一次生死险境，当时华为内忧外患，任正非患上皮肤癌，2000 年公司"太子"李一男出走，2003 年遭思科起诉。那时的华为，甚至都为自己找好了买家——摩托罗拉。

相较于之前年入 200 亿元、利润数十亿元的规模，如今的华为，已然成长为一家年营收超 6000 亿元、利润超千亿元的科技行业巨头。因此，无论面临怎样难熬的危机，华为也不会像之前那样，将整体出售的计划放在任正非的办公桌上了。

面对全球性供应链断裂的危机，华为决定创新组织架构，于 2021 年年底成立了智慧公路、煤矿、海关和港口、数据中心能源、智能光伏五大"军团"。2022 年 3 月，华为又成立了十大"军团"，为华为在各大领域攻坚，实现创收。

华为在 30 多年的发展历程里，其战略不断根据环境变化而调整，华为供应链组织架构的演变与华为的变革大致对应。重新审视这段历程，了解华为供应链的成长史，有助于发现其进步的基因和成长的秘密。

1998—2003 年，华为在内忧外患之时引入了 IPD 等模式对组织进行改造。供应链开始独立运作，承担公司端到端的供应保障职责，负责供应保障、质量保证、成本降低和库存控制等工作。与此同时，华为引入了集成供应链管理，成立了供应链管理部。供应链管理部、采购认证部和全球服务部形成运作与交付体系，取代原有的功能系统，并由华为高层担任体系总裁。

"我们要消除变革中的阻力，这种阻力主要来自中高级干部。我们正处在一个组织变革的时期，许多中高级干部的职务都会发生变动。我们愿意听取干部的诉求，但我们也要求干部服从公司的要求，否则变革无法进行。待 3 年后，变革进入正常轨道，我们愿意遵照干部的意愿并结合工作岗位的可能，接受干部的岗位调整申请。"任正非在此阶段说道。

有了组织变革的意识，供应链开始出现突飞猛进的发展。2004—2010 年，华为仍以每年超过 40% 的速度增长。在此阶段，华为供应链全面开启国际化进程，但新的问题又出现了——全球计划、订单的履行和供应网络设计无法统一管理。

针对该问题，华为提出了全球供应链的项目，建立国外供应链组织——区域供应中心、供应中心设订单部、计划物流部、本地采购部和制造部，形成完善的区域供应链组织。

2011—2015 年，华为供应链通过匹配客户需求，建立了面向客户群体的 3 个 BG 组织，以适应不同客户群体的商业规模和经营特点。2011 年，华为为了支持多产业发展，对供应链和采购的流程及 IT 系统等进行了再次升级。在这一阶段，供应链的内部组织变动频繁，供应链开始在管理和服务之间寻找平衡，甚至曾改名为供应链管理服务部。

之后，原直属华为的运作与交付体系被改造成供应体系，供应链管理服务部改回供应链管理部，采购认证部和制造部独立出来，形成了稳定的"三足鼎立"态势。

组织架构的迭代与变革使得华为供应链走向国际化，更加贴近客户交付。在订单上，客户的前导性倾向越来越明显；在采购上，更加贴合终端业务的特点；在制造上，各种模式的管理逐渐兴起，华为开始大范围推行生产外包，智能制造也让华为车间登上了央视……螺旋式上升的组织架构从顶层设计上助力华为供应链获得进步与成功，并与行业中的其他企业逐渐拉开差距。

导向：以客户为中心

任正非说："华为命中注定是为客户而存在的，除了客户，华为没有存在的任何理由。"华为认为，一个组织或者一个体系必须要有一个明确的导向，导向能牵引组织或者体系向良性的方向发展。供应链也应当有它的导向，华为供应链的导向跟华为公司的导向高度一致，即以客户为中心。

那年，马电事件给华为上了一节客户服务课

时隔 10 多年，当华为人再次提及"马电事件"，仍然会感慨万分。那年，华为在客户严正投诉的压力下，主动揭露自己在客户服务中做得不好的地方，向业界展示了以客户为中心的决心。

2010 年 8 月 5 日，当时的华为董事长孙亚芳的邮箱收到了一封来自马来西亚的投诉邮件。

主题：TM（马来西亚电信，简称"马电"）对华为在马电国家宽带项目中一些问题的关注

尊敬的孙亚芳女士、主席：

今天距我们上次会面已经 6 个月了，在上次的会谈中，我们针对国家宽带项目，特别是 IPTV（网络电视）部署向华为请求做特殊保障。

非常感激您的亲力赞助与大力支持，我们才得以成功在 3 月 29 日正式启动我们的新品牌（Unify）并商用新业务（Triple-Play）。这次商用仪式由马来西亚首相亲自启动与见证，非常成功！

然而，我们业务的商用并不能代表网络的成功转型，同时也并不说明我们拥有了一个充分测试、安全稳定的网络平台。从 4 月开始，我们开始与华为再度努力，力争开创 HSBB 的未来。但非常遗憾，在过去几个月中，华为的表现并没有达到我对于一个国际大公司的专业标准的期望。……过去几个月里，多个问题引起我们管理团队的高度关注和忧虑。

（1）合同履约符合度（产品规格匹配）和交付问题。在一些合同发货中，设备与我们在合同定义、测试过程中不一致……

（2）缺乏专业的项目管理动作（方式）。在我们的反复申诉中，我们刚刚看到华为在跨项目协同方面的一些努力与起色，但是网络中仍然存在大量缺乏风险评估的孤立变更……

……

我个人非常期望能与您探讨这些紧急关键的问题，如果您能在随后的两周内到吉隆坡和我及管理团队见面，我将不胜感激。

毫无疑问，从邮件的措辞中可以看出，这是一封酝酿已久的正式投诉信。礼貌客观的用词透露出了客户满满的愤怒与失望。

到底是什么原因，让该客户感到如此愤怒与失望？

从 2005 年起，网络的核心层和接入层都开始向全 IP 网络转型，因而迫切需要找到能帮助他们实现这一转型的合作伙伴。于是，他们选择了表现出色的华为。

2008—2009 年，华为与马电合作的项目虽然进展顺利，但也不是风平浪静。因为频繁达不到客户的要求，华为连续更换了 5 任 PD（产品设计师）来对接该项目。

与此同时，华为在履行与马电签订的 EOT（E 是指网络建设、O 是指运行维护、T 是指传递技能）条款时，遇到了诸多困难。华为十分擅长网络建设（E），但是运行维护（O）和传递技能（T）能力相对薄弱，由于不了解其中的风险，缺乏与客户详细沟通的经验与能力，导致在后续项目实施中，一直开展得较为顺利的 NGN（下一代网络）被绊倒在了 MDF（配线架）数据问题上。

就在项目组的所有人都认为形势一片大好时，华为与马电合作的项目开始一步步走向泥潭。

一线主管重销售、轻交付，有些员工甚至会因为难以获取一个合同而凌晨 4 点睡不着，却从未为交付而睡不着。"资源要用于保证项目的获取，而不要浪费在交付上。"这句话似乎成了华为在马来西亚代表处所有部门的共识，这导致华为即便拿下了马电的合同，也没办法完成令客户满意的交付。

根据华为的规定，华为重大项目必须任命 Sponsor（担保人，一般由总裁担任）来解决项目获取和交付中出现的各种问题。但由于华为全球项目众多，不少项目的任命都较为"敷衍"，有的项目将总裁名字加上后，甚至都不会通知总裁本人。

邓彪是负责马电项目的 Sponsor，在后来的采访中他回忆道："一直到 8 月 5 日，我都不知道自己是马电项目的 Sponsor。"可想而知，马来西亚代表处对客户需求的响应必然是不及时的。

2009 年 12 月底，马电项目已"满街尽穿华为甲"，放眼望去，从核心网到传送网，再到接入网、新业务，到处都能看到华为的身影。华为已然成为马电项目整体解决方案的最重要的提供商之一。

那么被马来西亚客户寄予高度期望的华为，准备得如何？

未能意识到项目整体性的马来西亚代表处依旧将每个项目视为孤立的交付项目，对项目的复杂性与关联性未有深究和验证，没有意识到客户的期待以及需要承担的责任，没有要给马电交付一个支撑 IPTV 业务的端到端宽带网络的坚定决心。

2010 年元旦刚过，马来西亚政府就通知马电正式商用 IPTV，届时首相将亲自到场体验 IPTV、GPON（最新一代宽带无源光综合接入标准）、IMS（融合通信）等业务。于是马电 1 月要求华为供货，2 月投入建设调试，3 月便开通演示。

在沟通过程中，马电认为华为并未拉通项目管理，缺乏整网解决方案，未将 IPTV 平台与宽带网络一起搭建，希望华为予以关注与改进，提供更完善、强大的项目管理、交付团队。

2010 年 3 月，IPTV 现场发布会在马来西亚召开，现场成功演示了几十分钟，马电主席现场宣布 IPTV 正式商用。当天，关于 IPTV 的新闻占据了马来西亚各大媒体的头条，马电主席还给孙亚芳发去感谢信，字里行间透露出对华为的赞许。

然而这种喜悦并未持续多久。

IPTV 正式开始商业运营后，各种端到端运营能力欠缺，网络分析、网络故障诊断手段不足的问题暴露，IPTV 问题单猛增。

福无双至，祸不单行。IPTV 步履维艰的同时，华为交付给马电的 NGN、FTTX（光纤接入）、BRAS（宽带远程接入服务器）三颗地雷先后爆炸了，给了马电项目合作双方三记闷棍。

面对接连不断的问题，马电已然不相信华为项目组的各种解释，强烈要求华为高层定期参加电话会议，解决马电项目相关问题。但由于华为高层不重视，电话会议迟迟开不起来，导致双方沟通不畅。

与此同时，华为在与客户沟通时，喜欢只报喜不报忧，面对马电项目管涌式爆发的问题，每个阶段的 Sponsor 只关注自己负责的问题，无法给客户一个整体修复的感觉。每来一个新的 Sponsor，客户都需要将问题重新叙述一遍，这就好像让客户一遍遍揭开伤疤，却又不能上药止血。

如此几番折腾，终于，客户愤怒了："就像某客户说的，'当初我们认为选择华为是对了，现在看起来是错了'。"

于是在 2010 年的 8 月 5 日，愤怒又失望的客户将一封投诉信发送给了当时的华为董事长孙亚芳，同时将邮件抄送给华为几名总裁以及马来西亚代表处相关人员。然而，5 天过去了，客户没有得到任何人的答复，愤怒进一步积累，悲剧进一步延续。

"客户发出投诉信后，各级主管关注的焦点并不是解决问题，而是如何回复邮件，这是严重的本末倒置。"孙亚芳在 8 月 15 日的马电反思会上如此总结。

8 月 17 日，孙亚芳赶赴马来西亚，拜访马电主席和 CEO，从客户那里了解了相关问题后，做了一个令华为员工震惊的决定——将马电的订单给有能力交付的 JUNIPER（瞻博网络公司）。

走出客户的办公室，马来西亚代表处代表戴景岳劝说："孙总，这是我们花了很多资源争取的项目，千万不能让出去啊！"

孙亚芳表示："我要借此给华为一个教训，把这个订单给 JUNIPER，华为没有理由做这个订单，因为华为这个态度就没有办法做这个订单。我们未遵守合同，耽误了马电的项目，只能先让给 JUNIPER……在这件事上，你该交学费了！"

至此，马电事件才落下帷幕。

华为的核心价值观是以客户为中心，然而马电事件却在客户服务上给了华为一记当头棒喝。这让华为供应链逐渐意识到，只有极度重视客户投诉，才是发展之道。

历经"九九八十一难"的一票货物

一票从华为深圳基地出发的空运货物，作为客户急需的站点扩容关键设备，需要抵达秘鲁利马。然而天有不测风云，2020 年 3 月，突发的黑天鹅事件让各国（地区）开始采取严格管控措施，原本能在 3 月中旬顺利抵达目的地的货物，却因为客机"歇菜"，而无法如期地完成它应有的使命。

但钢铁般的华为供应链没有放弃，秉持着以客户为中心的导向，准备了 3 个备选方案。

第一个是从马德里改飞阿姆斯特丹，用货机飞利马；第二个是从马德里飞回深圳，改海运；第三个是从马德里飞回深圳，重新飞墨西哥，与终端货物一同包机到达利马。最终华为供应链选择了第一个方案，让这票货物赶上了航班，抵达了利马机场。

然而事情并没有想象中的那么顺利，到达利马海关后，由于政策限制，这票货物需要开具相关证明，才能被放行。为此，华为供应链找到了当地企业窗口协会，以华为 AEO（Authorized Economic Operator，经认证的经营者）资质的名义，向海关申请特殊审批。最终，利马海关同意将这票货物按紧急设备放行。

完成清关入境后，这票货物又受到了当地政策的阻拦。许多货车司机因违反禁令被吊销驾驶证件，仓库人员被勒令返回家中隔离。同时，华为的这票货物不在政策"紧急通信保障"范围中。

面对这些困难，华为供应链没有人抱怨，而是积极协调，只为客户能收到货物，当地人民在家能有良好的"冲浪"体验。

在大伙的努力下，华为供应链工作人员带着政府的 3 份函件，打通了最后一公里，顺利抵达了站点，将货物送到了客户手上。

而此次历经"九九八十一难"的交付，也让客户对华为赞赏有加，华为也再次向外界展示了供应链的实力。华为内部员工也为供应链感到骄傲，纷纷留言点赞：

"钢铁供应链，打满全场，打赢全场！"

"点赞，钢铁供应链，使命必达！"

"有网络的地方基本都有咱厂的人，要保障好网络，真的不容易。给钢铁供应链点赞！"

这一句句鼓励与赞赏，更加坚定了华为供应链以客户为中心的决心与信心。

关键能力：SQCD

从业务内容来看，供应链本质上分为"需"和"供"两个方面。一方面是客户，另一方面是供应商。中间是产品的加工和配送环节，以及资金和信息流动的环节。可见，供应链最终的核心是从供方将产品快速地提供给需方。

从这一角度可以看出，无论供应链管理如何变革，其核心要素永远是安全、优质、低成本、及时地将产品交付给客户。对此，华为已早有领悟，并将其提炼成 SQCD（安全、质量、成本、交付），作为华为供应链的关键能力。

仓库中的石头

引入智能化技术后，华为仓库变得越来越安全。而在此之前，仓库软硬件设施还未像如今这样先进之时，仓库可能会遇到手机盗窃事件。

2008 年，华为在深圳清湖开设了一个仓库，当时这个仓库不仅给华为保管成品，也给另外一家公司保管成品。成品数量大，为了保证所有成品的安全，仓库安排了一名保安 24 小时看守。

当供应链人员以为产品生产完毕，可以高枕无忧之时，意外发生了——另一家公司在例行检查仓库成品时，发现箱子里装满了石头！原来，仓库的保安与那家公司的内部人员串通，将装有手机的箱子转运走，同时为了掩人耳目，在箱子里装上了石头。

听说该事件后，华为感到十分震惊，立即组织全面盘点，所幸华为的成品没有遭受任何损失。

自此，华为供应链开始意识到成品安全十分重要。不仅是库存安全，在运输和生产上，华为也会尽自己所能去保证即将交付的产品的安全，避免遭受巨额损失。

比如华为会尤其注意在运输过程中的碰撞、跌落、火灾等问题。华为有专门的成品包装工艺设计团队，向东南亚多雨国家（地区）发货要单独增加塑封工艺，在纸质包装盒外面增加塑料薄膜。对于一些地区的货物，除了采用塑料袋、木箱外，还增加了第三层铁丝网防护，以减少盗窃损失。

质量是自尊心和生命线

华为在制定基本法时就提出："我们的目标是以优异的产品、可靠的质量、优越的终身效能费用比和有效的服务，满足顾客日益增长的需要。质量是我们的自尊心。"

任正非也公开表示："我们绝不能为了降低成本，忽略质量，否则那是'自杀'，或'杀人'。搞死自己是'自杀'，把大家都搞死了，是'杀人'。"

在具体的质量管理上，华为供应链采取了内外结合的方式。

一方面，推行 ISO 9000 质量管理体系的各项标准，让各项工作有严格标准作为参照，建立健全有效的质量保证和管理体系。同时让国际认证机构定期复审，保证华为供应链的质量管理工作能严格且持续地按照各项标准进行。

另一方面，通过先进的工具方法加强全面的质量控制，比如兼具质量控制功能的 IPD、软件能力成熟度级流程管理、QCC 等。

华为供应链不仅在物料入库、制程质量、出货质量等环节进行管控，还派工程师入驻核心器件供应商管理质量，更在审厂环节将质量作为首要的考察要素。

正是因为华为供应链对质量管理的重视，华为产品的质量赢得了客户的一致好评。

众所周知，IMEI（国际移动设备标志）是所有通信终端的身份证，对客户的重要性不言而喻。然而，如此重要的项目，华为却在日本市场上接二连三地出现了质量问题。

在日本市场，终端设备的销售与运营商的服务是绑定的。这意味着，消费者并不是有钱就能买台终端回家使用，而是要通过 IMEI 号跟选定的业务套餐绑定之后才能正常使用终端。

因此，IMEI 质量一旦出现问题，就会给华为产品在日本市场的正常销售带来很大的阻碍。

败则拼死相救，华为供应链迅速联合设计、IT、工程等部门优化方案思路。优化后的方案思路，设计、IT、工程等部门都很认可，一线也同步传递改善方案给客户。

当所有人都以为客户会满意时，客户却给华为提出了一个不可能完成的目标："我们希望这种优化方案能在我们的下一款产品推出时落地。"

在 3 个月的时间里，华为需要给出一份量产的新产品应用方案，这无异于临阵换将，重头再来。

尽管华为一线极力说服客户，希望其能理解方案变更带来的风险和难度，客户却依旧坚持自己的诉求，让华为交出一份满意的答卷。

坚持以客户为中心的制造部门面对客户如此坚定的态度，只能硬着头皮答应了。最终，在华为供应链各部门员工的努力之下，华为如期推出了新产品、新方案、新工厂。

不出意外，厂验审核过程很顺利，客户对产品的质量和成本都很满意。应用新方案后，日本市场对 IMEI 质量问题的投诉也从前期的 13 起慢慢降低至 0 起。

2016 年，日本客户再次来访，向华为表达了感谢："很感谢华为当年和我们一起将 IMEI 问题系统改善，产品质量得到了提升，我们也得到了提升。"

祸兮福所倚，福兮祸所伏。面对客户的强压，华为实现了一次完整的质量零缺陷，获得了客户的认可与赞赏。

成本"三环"

华为深知，供应链的有效既包括服务，也包括成本。服务的内容包含多个方面，但成本的目标只有一个——使整条供应链的成本最优化和增值最大化。对此，华为将供应链分成前端同供应商、中间内部运作和终端与客户相扣的三环，决定从供应环、内部环、客户环这 3 个方面构建成本优势。

首先是供应环。华为曾参观过一家 PC 的代工厂，在他们的设计室里，华为看到不少计算机的结构设计件。在双方沟通中，对方表示，只要 PC 厂家给出框图和构想，他们就能设计出符合要求的产品。

听完对方的话，华为自惭形秽。因为在和自家供应商的交流中，不少供应商表示华为的非标件太多，甚至有些设计不到位，导致他们必须重新返工画图，生产准备时间远超生产时间，成本很难降低。

所以，华为决定将供应商看成自己潜在资源和能力延伸的一部分，通过设计与制造融合、严格的验厂制度，与供应商建立长期稳定的伙伴关系，从而降低供应环的成本。

其次是内部环。西门子曾在改善经营时实行"销售利润率"管理法，在依据销售额的基础上，以利润为尺度，衡量整个企业的经营状况，并根据相关情况优化整顿，降低投入产出率，发展那些能赢利且尚有潜力可挖的业务，大大降低了企业成本。

这让华为逐渐意识到，产品的价值链亦是成本链，只有重视内部成本，才能让企业走得更远、更好。

华为认为，成本管理的重点在于设计成本、生产成本、销售成本、安装及维护成本。于是华为通过"小改进、大奖励"、QCC、业务流程重整等项目，提升了企业的运作效率。同时，华为还对流程成本进行多方位分析，形成内部运作的评价标准，从而优化成本。

最后是客户环。客户环是华为供应链存在的基础与理由，同时也是供应链成本管理的关键。所以，在和客户打交道的过程中，华为采取竞争性评估的方法，对供应商进行筛选。虽然这可能会影响短期成本，但从持续发展的角度来看，能使成本最优化。

打通交付的最后一公里

2009 年，3G 盛行，华为也顺势推出了 3G 手机，深受市场喜爱。正当销售部门为销售趋势感到欣喜时，物流部门却迎来了巨大挑战。

"物流就好比整条交付链上的邮递员，我们一定要又快又准地把货物发到交付一线。"面对一个个突发事件，物流部门的成员倍感压力。3G 项目需求量大，生产出货量极大，仓库频频"爆仓"；物流部门还时常接到货物不齐套、到货延误的投诉电话；从货物交单到完成发运，最长能耗费 48 小时……可见，要想当打通交付的最后一公里，不是件容易的事。

为此，华为供应链召集承运商进行总动员，通过协调资源、签署服务承诺、派出仓储专家等措施，提升物流理货和运输速度。

同时在项目交付中，物流部门对承运商的作业实施 12 小时动态监管，最大限度利用各承运商的运能,压缩华为供应链的物流运输时间。在齐套环节,华为供应链仓储专家与主管深入现场,琢磨如何提升齐套效率。最终,他们研发出一系列报表程序,通过及时汇报齐套情况,大大提升了发运齐套率。

面对物流中的经销商管理系统难题,物流部门通宵处理,连夜开发出多个监控报表程序、发货信息与跟踪调度平台,完美地完成了 3G 手机交付任务。

3G 手机交付事件既展现了华为供应链打通交付的最后一公里的决心和出色的交付水平,也展示出了华为供应链对交付的重视。交期合适,交付及时,才能提升客户满意度。尤其是 To C 的消费品,消费者希望越快交付越好,最好下单后立即到货。所以产品交付对华为供应链而言是一个永恒的话题,是提升竞争力的关键,需要持续改进。

第 **8** 章

订单管理：从段到段到端到端

曾经有个苗木企业在内部划分了不同部门：采购部门负责采购种子，挖土部门负责挖土，测试部门负责测量坑的大小深浅。除此之外，还有浇水、施肥部门。

在种树这天，这些部门各司其职，挖土的挖土、浇水的浇水、施肥的施肥，大家都干得十分认真。一年后，大家再次来到种树之地时，发现那片土地上居然没有长出一棵树苗。

肥料合格、水分充足，为什么没有长出树苗？

原来，在种树那天，种子部门团建，没人通知种子部门。挖土的认真挖土，测量的认真测量，浇水的认真浇水，施肥的认真施肥，最后却没人放种子。

事实上，从每个部门的立场来看，大家都没错，都十分认真勤恳。但从结果来看，却是徒劳无功。这就是典型的"段到段"，"铁路警察，各管一段"，除了老板，没有人会对最后的结果负责。

华为供应链在发展早期就发现了"段到段"的弊端——局部虽然优秀，但是全局灾难，形成组织的"肠梗阻"。于是华为供应链决定打破"部门墙"，从订单管理到产品交付，从内到外，实现端到端的拉通。

订单管理：形成全链条一盘棋

16年的时间，华为订单履行业务从中国走向全球，从手工到自动化，从纸质订单到电子订单，从单工厂到多供应中心，从"段到段"到"端到端"，形成了全链条一盘棋。

应对全球化冲击的统筹

早期的华为供应链，各环节看似分工明晰，实则存在分工不明确、异常得不到处理的情况。为规避此类现象，华为设立了订单管理岗位，并将其称为"统筹"。

所谓"统筹"，是指要统筹整个过程中所有的事情，包含各国家（地区）的需求、物料备货计划、产能建设计划、交付、成品物流、报关等，实现端到端拉动交付，颇有点"运筹帷幄之中，决胜千里之外"的意思。

在 2011 年的三亚会议上，华为提出了面向高端、面向开放市场、面向消费者的 3 个核心战略，正式形成了华为 ICT 的"端管云"概念，决定兼顾 To B 和 To C 两个业务。

业务领域不同，对应的统筹岗位叫法自然不相同。To B 领域以合同为主轴，所以它设立的统筹岗位叫合同统筹。To C 领域以订单为主轴，所以其统筹的角色被称为订单统筹。

无论是合同统筹还是订单统筹，都扮演的是统筹管理的角色。自华为设立统筹岗位后，我们可以看到统筹并不是多余环节，这个角色的设立确实打破了"铁路警察，各管一段"的局面。

在 2005 年之前，华为仅在深圳设有一个生产基地，所有库存由一个中央仓库集中管理。2005 年，当华为踏上全球化征程，客户遍布欧洲、北美洲、中东、南美洲、非洲、东南亚等地区时，华为有限的订单管理能力使其在为全球客户提供服务时显得有些捉襟见肘。

巨大的接单量、交付不及时成了令销售人员头疼的问题。加上华为集成供应链分工很细、涉及环节众多，销售人员既要做面向客户的商务沟通，又要事无巨细地跟进后端交货。不及时的交付进一步增加了华为与客户沟通的成本和接单难度，造成了严重的负面影响，导致客户向公司最高层投诉。

为解决全球化的订单管理和交付问题，华为设立了订单统筹岗位。这一举措让交付流程有了责任者和主线，全盘拉通管理。尤其在出现异常的时候，订单统筹会出来拉通上下游快速解决问题，避免负面影响蔓延至客户。

与此同时，华为还向国外各地区同步推行国内使用的合同订单集成配置器，实现前后方数据共享，通过提升国外合同配置的准确率减少各类错货，为预测、计划部门提供准确数据，加快订单处理的市场响应速度。

这种用统筹解决问题的方式，看似大包大揽，但对端到端的交付起到了很好的作用，让交付目标的实现得到了有力保障。

从"小道"到"高速公路"

华为除了设立统筹岗位，还按照业务流程对订单运作进行端到端的管理。

在华为供应链推广 ISC 项目成果前，由于业务主流程不畅通，华为的订单运作常绕过流程走捷径。从短期来看，这种方法或许能快速解决眼前问题，但"小道"过多必然会影响主业务的整体效率。

察觉这一问题后，华为供应链迅速召开了关于订单运作流程的研讨会。在会上，订单运作各环节的管理层和专家层就如何建设订单运作流程框架展开了讨论，目的是使制定出的订单运作流程框架对订单管理具有现实指导意义，符合 ISC 的总体方向。

基于订单业务特性，华为划分出了主环节，以及主环节对应的子环节。流程框架的梳理，无疑为订单"高速公路"构建了坚实路基。

订单的正向流程主要分为端到端主流程、操作级流程和使能流程 3 类。其中，端到端主流程处于订单运作流程框架的顶端，描述了订单运作主要活动间的关系；操作级流程是对一个或多个主要活动进行更详细描述的子流程；使能流程可在端到端主流程的任意活动中启动，并对主流程的多个活动产生影响，增加订单运作流程的柔性。

端到端主流程和各层次流程，由模块化、可选择的手机操作系统组成。举例而言，华为收到一份订单合同时，需要判断该合同所涵盖的关键因素有哪些，再根据关键因素在关键活动的手机操作系统"地图"上选择一条业务路径，订单部门在处理新合同时便能在"高速公路"上行驶。一些业务路径成熟的"高速公路"可能被频繁引用，从而固化成一份操作指导书。

通过流程的建设，在业务没有变革的情况下，订单运作的各项关键业务都能被快速组合，这使业务层次的管理缝隙和"小道"得以减少，订单运作从而走上"高速公路"。

订单定位：足球场上的前锋

一场 11 人对 11 人的足球比赛中，所有人按照场上位置可分为 4 种角色——守门员、后卫、中场和前锋。前锋位于前场，是球队进攻的第一线，其主要职责是进攻，从而进球得分。足球场上的前锋队员要具有侵略性，应提高球队的射门效率。比如大家熟知的罗马里奥、C 罗，都能凭借出色的射门表现，为队伍赢得比分。

在华为供应链这个"足球场"上，订单一直被定位为头号前锋，其作用是冲锋陷阵，为后续部队扩展前路。订单是来自客户的一份请求，只有对接好客户和市场一线，管理好客户的交付需求，有持续的客户和稳定的订单，供应链才能随之出动。

供应链与足球场

供应链与足球场的故事，得从 2009 年的那场足球比赛说起。

自华为在东莞松山湖的南方工厂启用后，华为供应链各部门陆续搬入其中。一时间，松山湖可谓群英荟萃。有人的地方便有江湖，有江湖的地方便有有趣的故事。工作走入正轨之后，在地域开阔，颇有"地广人稀路宽，天高云淡树多"之意的松山湖，华为供应链的各种兴趣小组如雨后春笋般成立起来了，各部门员工开始筹谋着充实的业余生活。

喜欢踢足球的订单和计划两个部门，经常举行部门间的联谊赛。球场上，大家英姿飒爽，勇争第一，工作中各持己见，独立运作。

有段时间，两个部门在供应链环节主导权一事上非要论个高低，争吵的内容包括谁主导对客户的接口，谁对销售一线负责，谁对制造产出负责，等等。这些问题有时甚至在足球场上也争论不休。

一天，大家在球场上再度闹得沸沸扬扬，适逢华为供应链一位领导也参加了这场足球比赛。将来龙去脉摸清楚后，这位领导说道："咱们供应链与足球队不是很像吗？足球场上队员们互相配合，目的是赢球，供应链各部门都是在为保障交付做准备。运作供应链与踢足球看似毫无关联，实则内涵相通，其关键都在于确定目标，找准位置，然后大家各司其职，齐心协力朝着一个目标前进。"

听完领导的话，大家都为之前的争论感到羞愧。

赛后，领导组织各部门展开讨论，深入挖掘足球队与供应链之间的关系。讨论中，订单部门表示，如果将供应链看作一个足球队，那么订单部门就是"前锋"，负责对接客户，管理客户交付需求。订单部门只有拉通前端与后端，才能使各部门形成供应链全线闭环，满足客户需求。

自此，订单部门的前锋称号便流传开来。

在华为供应链里，订单的角色来源于 SCOR，它是供应链中十分特殊的一个环节，不仅联系市场和供应链，而且与供应链上的每个环节都有关联。总之，没有订单，就没有 S&OP，更不会有供应链里的其他要素。由此可见，订单被称为前锋不是没有道理的。

围绕"五个一"的订单管理

在华为 2014 年的新年会议上，华为轮值 CEO 徐直军发表了新年贺词，其中有一段话令笔者印象深刻。

"围绕'五个一'（订单前处理 1 天、从订单到发货准备 1 周、所有产品从订单确认到送达客户指定地点 1 个月、软件从客户订单到下载准备 1 分钟、站点交付验收 1 个月）目标，打通相关流程和 IT 系统，加速提升从签订高质量合同、快速准确交付到加速回款的端到端项目经营能力。各代表处、各地区部及各流程 Owner（负责人）和相关组织，都要围绕此目标找差距、找根因，协同改进，2014 年在实现'五个一'目标的征程上有切实进步。"

这番话无疑展现了华为供应链交付的领先水平。

之后，凭借"五个一"的竞争优势，华为毫无压力地打破了七国八制①的局面，并在 2016 年一举超越了爱立信。

华为之所以能做到"五个一"，订单部门功不可没。

在 To B 业务领域，由于业务的基本单元由项目组成，加上项目的承载方式是合同，因此华为便从合同的每个单元开始进行全生命周期管理，而承担管理任务、对整条供应链交付端到端负责的角色，便是华为订单部门的合同统筹。

万事开头难，新设立的岗位因为缺乏完整的管理机制，遇到了不少难题。比如新招聘的工作人员因为不明确自身职责，摸不到门道，而无法胜任合同统筹这份工作。

察觉到问题的华为供应链立马对此进行了调整，通过整理合同统筹工作职责、业务界面衔接点等方法，让合同统筹工作人员对工作职责了然于胸，促使其快速发挥效用，围绕"五个一"开展订单管理，拉通前后端环节，从而提升了华为供应链的交付能力。

除此之外，在 To C 领域，华为基于新的基本单元设立了订单统筹，将订单当作一个个交付项目来管理，消除计划、采购、制造、物流等部门间的模糊地带，实现了前端到后端的拉通。

订单统筹岗位的设立，同时也为终端的崛起起到了推动作用。订单统筹急客户之所急，想客户之所想。有效的订单管理让华为终端在 2016 年凭借 Mate 系列和 P 系列手机在国内市场占据了较多市场份额，同时在国外市场也实现了规模翻倍的高速增长。2018 年，华为终端崛起，用实力向外界证明了端到端订单统筹的有效性。

---

① "七国八制"是指 20 世纪 80 年代中国通信市场上共有 8 种制式的机型，其分别来自 7 个国家：日本的 NEC 和富士通、美国的朗讯、瑞典的爱立信、德国的西门子、加拿大的北电、比利时的 BTM 和法国的阿尔卡特。

订单承诺：只有接不回来的单，没有交不出去的货

在日常生活中，我们在外就餐时常常遇到这种情况。

点完餐后，服务员会拿一个沙漏摆放在桌上，并告知沙漏会在25分钟内漏完。如果沙漏漏完，餐还没上齐，餐厅将赠送饮料等小礼品。

从中我们可以看出，这些餐厅十分注重订单承诺。他们意识到，在如今餐饮竞争如此激烈的情况下，及时交付是十分关键的问题。无论菜品有多少，在一定时间之内上齐，是对客户的一种承诺。将承诺可视化，无形中给客户展示看得见的供应链，会让客户拥有优质的就餐体验。

对企业而言，一诺千金，每个订单承诺的背后，都暗藏着企业供应链的实力。华为供应链拥有足够能力兑现客户的订单承诺，因此，"只有接不回来的单，没有交不出去的货"便成了华为供应链高喊的口号。

早期的华为供应链因为实力不足，还没有足够的底气喊出承诺的口号。

那时，华为曾在某市签了一份150万用户上网项目的合同，这份合同标志着华为在该市接入服务器市场取得了重大突破，对后续市场的拓展具有重大意义。

市场突破本来是一件好事，可华为供应链的成员却高兴不起来。原来，备货周期从签订合同算起，时间十分紧张。

屋漏偏逢连夜雨，船迟又遇打头风。在物料成套时，工作人员发现部分报价物料不明确，于是又要求研发人员确认合同报价中的9种物料。2天后，相关设备又出现问题，经过多方努力，才终于在规定时间内完成了备货，进入了生产环节。

为何在华为庞大的供应链体系里会出现备货如此艰难的情况？究其根本，是因为订单部门没有发挥好前锋的作用，订单承诺存在被动接受的情况。

一线有了订单，会将订单需求发送至供应链，链条长、回复慢、交期长，供应链接到订单后只能被动地响应需求。订单数量相对较少时，订单承诺实现起来相对容易，订单数量越多，订单承诺的实现就会变得越来越被动，甚至出现漏单的情况。

为转变这种被动局面，华为供应链开始总结常见问题，并对各环节做进一步的改进，实现端到端的拉通。

比如华为早期在做流程设计时，考虑的第一件事情就是摆脱被动响应需求的局面，主动管理订单，将这一想法落实到流程和组织上。

作为供应链的市场接口环节，订单部门逐步构建起一种面向客户承诺的订单管理系统方法，其主要特点是主动响应和面向客户，具体方法包括：构建基于数字规划的订单承诺模型，提供可选配的订单履行服务，输出可向客户承诺的最早订单交付期，产生多个交付时段可向客户承诺的交付量等。

利用上述订单管理系统方法，订单部门能够分析订单接受与否对客户满意度、生产能力等因素的影响，从而对客户订单进行快速响应，并能针对接受的订单向客户提供准确的交付期、交付量的承诺，从而为客户满意度的提高提供支持，实现订单承诺。

除了订单内部系统的优化，华为还要求各个地区部、各个代表处把供应链触角伸过去，将供应链要求提出来，并帮助一线解决相关问题。如此一来，订单部门便可提前介入市场，在参与合同评审的基础上制定相关供应方案，从而更早获取市场需求，对客户做出更有事实依据的订单承诺。

订单改进：通用、选配和定制，实现多管道交付

交付要求越来越多；

交付前置时间越来越短；

质量要求越来越高；

库存水平越来越低、业务越来越复杂、产品线越来越多；

……

面对一系列新的问题，供应链亟待对整个交付进行改进。这时，订单需要站出来发挥它应有的作用。

3 个版本的手机

2016 年，手机圈掀起了一阵"定制"热潮。从演员、歌手到足球运动员，不少手机品牌将旗舰手机定制玩得出神入化。

作为拥有敏锐市场嗅觉的标杆企业，华为也紧跟时代潮流，推出了华为 Mate 8 的梅西签名定制版。作为华为的代言人，梅西早已在比赛获胜等场景中带着华为手机亮相。

在名人的影响下，这款限量 5000 台的摩卡金 128GB 定制版在国内上市后不久就被抢购一空。

事实上，这次营销活动中的定制版手机最早源自华为订单部门的想法。

以运营商 BG 为例，交付的产品订单非常多，如果每个订单都要做一次承诺和交付管理，对整个供应链的管道交付来说，链条就会过于复杂。针对该问题，订单部门分析客户的历史数据，提出做 3 个版本的手机的想法。

订单部门认为，能满足客户共性需求的产品称为通用版；需要做组合配置的产品称为选配版；可以在外观、接口数量、部分功能等方面做定制的产品称为定制版。

3 个不同版本的手机既可以满足客户的共性需求，也可以满足不同群体的个性化需求。

在这个过程中，华为的订单已经前置，虽然其本身处于供应链和营销的中间环节，但它的触角已经开始延伸到前端营销。

针对这 3 个版本的手机，订单部门分别给出了拉通前后端生产的建议。

首先是通用版本，华为应该不断地缩短交付周期，形成海量交付，进而使整个交付的状态越来越稳定。

其次是选配版本，华为可以根据需求预测，提前生产部分半成品，再根据实际订单组装出成品，大幅缩短客户等待时间。于是，订单拉通制造、物流等环节，对选配产品进行标准化筛选，这样既便于销售人员和客户沟通需求以及客户选择下单，也便于制造端固化软硬件版本和生产工艺。

最后是定制版本，该版本通常是客户因为政策或特殊规定，要求必须具备某些功能。对于这类需求，客户通常愿意为这些额外的服务付费。供应端针对定制导致增加的交付周期、成本等进行测量，并告知前端，双方达成一致后供应端组织生产。

调节库存的"神器"

有订单就会有库存，几乎每家制造企业都会面临库存问题，华为供应链也不例外。那么库存问题应该如何高效解决呢？在此，华为用订单管理做出了一个很好的示范。

华为曾面临手机、手机配套说明书的库存问题。

在一个清点库存的工作日，工作人员发现手机 SKU（Stock Keeping Unit，最小存货单位）特别多，一度超过 100 个种类，但是很多种类的实际发货量又非常少。

在颜色分类上，主流的黑、白、金 3 种颜色的手机占据发货量的 80%，其余的粉色、红色、渐变色等个性化颜色的手机的发货量占比较低，却又占据大量库存。华为深知，手机 SKU 过多会导致相关的配件库存种类多且杂、总量大。

除此之外，在松山湖的物流仓库，华为也发现整个楼层的一半都是纸质文件，仔细排查后发现都是手机的配套说明书，不同型号、不同语言、不规则的排列组合，加上最小起订量的要求，造成了这个让人震惊的结果。

后来，华为在订单统筹时对历史数据做了数学回归分析，敏锐地发现客户的需求其实并没有想象中那么复杂。

比如在解决手机颜色库存问题时，华为发现，针对不同颜色的手机进行差异化定价就能减少手机库存问题。

华为认为，因个性化颜色手机的成本相对较高，根据颜色进行差异化定价后，消费者发现少见颜色的手机的价格会高一些，这会引导消费者选择主流颜色的手机。

而有特殊需求的消费者，大多数对差异化价格不敏感。因此，这种差异化的定价既能照顾主流消费者，又能照顾一些有特殊需求的消费者。

通过订单统筹的数学回归分析，华为也发现手机配套说明书库存的问题并不复杂。

事实上，客户的需求并没有那么多样，大量说明书其实只需要一页。因此华为开始精细调研目标市场的常用语言，并对其进行归类处理，再根据结果优化手机配套说明书。

通过优化，说明书的通用性不断增强，不同产品也可以使用同一款说明书，这有效降低了说明书的备料难度和呆滞风险。

总而言之，通过订单的区分处理与改进，华为供应链既可以促进产品销量的提升，减少库存，还可以节省精力将通用的产品做精做细。

第 **9** 章

计划管理：供应链的中场发动机

华为计划部门内部有不少专业术语，比如到"饭馆"沟通需要认真制订"需求计划"，紧接着"点菜下单"，之后就是催促上菜，即"追料"；再者要"库存分析"，避免产生"缺料"或"呆死料"；最后如果菜没上完，饭已吃完，就要"撤单"。

如果中间有加人的情况，就加菜下"急单"。此时，我们要先和"食客"沟通，确定他的需求，同步与供应商、采购等环节（后厨）确定原材料到货周期，在对"食客"的需求节奏进行压力测试分析的基础上，对供应进行评估，发现相关问题，如原材料短缺、"厨师"人数不够等。

找出问题后，制定相关对策。首先要与一线、统筹、集成、计划等岗位沟通，及时确认"菜谱"，即明确产品需求。然后将"食材"送进来，通过扩展原材料供应商渠道，纵向缩短原材料到货周期，同时增加"厨师"人数，提升产能。

只有通过这些举措，以及每日的例行管理和异常处理，华为计划人员才能充分发挥中场发动机的作用，协调各方资源，不断调整计划，最终完美完成交付，满足"食客"的需求。

S&OP，不是 SOP

几年前，笔者的一位朋友入职某家企业，并担任该企业工厂的生产计划主管。那时那家企业规模不大，在工厂里，销售部门还是"老大"，十分强势。朋友及其团队成员只能被动地按照销售团队给出的预测开展备料与生产。

然而，由于销售部门常常预测不准，缺料情况时常发生，仓库也经常留下一大堆呆滞物料，一系列问题让厂长感到十分头疼。

于是在某一天，朋友基于自己的工作经验，向厂长提出了改进建议："厂长，您看我们能不能在工厂里试着推行 S&OP？"话还没说完，朋友就被厂长打断：

"虽然我们厂里 SOP 不太完善，但大部分该有的操作都有，如今的工作重点并不在 SOP 上，你应该思考如何快速地满足销售发货的需求，而不是管 SOP 的事情。"

很显然，厂长误会了，他将朋友提出的 S&OP 当成了 SOP，混淆了两者的概念。事实上，这两者大有不同。

SOP（Standard Operating Procedure，标准作业程序）属于制造领域的名词，指的是在生产工序或者生产管理过程中所依据的标准作业指导书、标准作业的工序标准/规范、标准的制程文件。SOP 的目的是规范作业与操作。

S&OP（Sales and Operation Planning，销售与运营计划）属于计划领域的名词。该概念起源于 20 世纪 80 年代的西方国家，是供应链管理逐步发展的产物，是供应链管理向全流程运营管理的延伸。

从英文缩写来看，S&OP 和 SOP 之间的区别还在于"&"。这个"&"不仅区分了 S&OP 和 SOP，同时还强调了销售与运营之间的一种连接。

在 S&OP 中，Operation（运营）指的是供应链（不止供应链，但主体是供应链）加上一些其他环节，包括制造、采购、计划、物流、财务、研发等，形成一个完整的运作机制。华为将这个完整的运作机制联合在一起形成 Planning（计划），从而促进产销平衡。

1999 年，华为引入生产与库存控制系统，给计划系统进行了 S&OP 培训，从此便引入了 S&OP 管理理念，让华为的计划工作一直不断改进变革。不久后，华为便在终端公司成立相关部门开始运作 S&OP。为了使读者更深入地了解华为供应链的 S&OP，笔者对其进行了解构。

"S"：产销协调会

从 1995 年起，华为的计划工作便拉开了序幕。那时，华为供应链每月要召开由市场计划部门组织，市场、生产和采购部门参加的月度要货计划评审会。

评审会的主要目的是审视市场需求，供应链后端可依据新的市场需求预测，制订相关采购物料计划和确定生产策略。

一开始，华为终端生产的产品种类不多，评审会可以涵盖所有产品，相关高层均会参与要货计划评审会。后来，随着产品逐渐丰富，华为终端开始于 1997 年区分产品制定，分别召开评审会。在这个过程中，市场部将计划模板、会议议程逐渐规范起来，会议程序趋于统一。

1998 年，华为启动 ISC 变革，S&OP 管理理念被正式引入后，华为的要货计划评审会变成了 S&OP。2001 年年初，传输产品的二级计划委员会（以下简称"计委"）决定进行改进，重新调整会议目标、议程以及相关模板，会议改名为"供产销评审会"，计划工作朝着供需平衡的方向又迈进了一步。同年 8 月，ISC 项目的 S&OP 流程设计启动，供产销评审会更名为"S&OP 会"，又被称为"产销协调会"。

华为终端的 S&OP 会分为两个层次，一个是市场计划、生产计划、采购人员出席的预备会，另一个是公司高层领导参加的 S&OP 正式会议。

在预备会中，华为终端需要在供需平衡方面做出相关决策，侧重提前收集信息，提前解决详细的业务问题，为正式会议提出多种解决方案或建议。而 S&OP 正式会议关注的是相对远期的市场需求总量，侧重供产销的平衡，以免出现不能满足客户需求或导致库存增加的现象。这也是作为中立角色，S&OP 设立于供需两端之间的意义。该角色需要盯着华为总目标，一手牵着销售，一手牵着供应。

"&O"：整合其他环节

华为在早期运作产销协调会时，当时参与的环节比较少，主要是制造和采购环节。经过一段时间的运作，华为发现，仅制造、采购两个环节参与是远远不够的，计划、制造、采购、研发、财务等环节都应参与进来。

以财务为例，华为每年都会有年度预算，如果计划人员没有考虑这个预算，可能会出大问题。华为的年度预算包含了两个方面的内容，一个是对销售的预算，另一个是对资源的预算。如果计划人员不考虑预算，那么计划可能就会成为无本之木，导致最终的方向出现偏差。

于是后来华为的 S&OP 慢慢演变成了集计划、制造、采购、市场、研发等一系列环节于一体的流程，如图 9-1 所示。

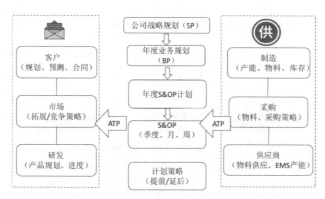

图 9-1 华为的 S&OP

事实上，在整合其他环节的过程中，华为曾遇到了一些波折。

由于华为早期没有将 S&OP 组织建立在一个可以拉通全局的位置上，所以最开始的 S&OP 无法跟上华为前进的脚步。比如计划组织分散，对华为整体 S&OP 的支撑不够。华为需要 S&OP 拉通研发、市场、交付、财务等环节，实现协同运作，完成低成本优质交付。然而，华为的计划组织分布在深圳总部各产品线、供应链、服务部门，以及全球 17 个地区部，这种分散的计划组织架构使得各地区部各自为政、无法协同。

与此同时，地区部的计划人员流失十分严重，大部分地区依旧以销售为主导，对 S&OP 整体运作不重视，计划组织不够健全，导致 S&OP 存在岗位挪用、复用情况。

这让计划人员无法全力投入工作，深耕细作，只能做基础的需求搜集和汇总工作。这种情况导致华为终端地区部的 S&OP 人员成就感低，间接提高了地区部的人员离职率，对华为的 S&OP 工作影响较大。

为解决各地区 S&OP 部门各自为政的问题，华为终端在原有分地区部、分产品的计划单位上成立了"计委"。

华为公司计委是基于 S&OP 运作流程建立的跨领域的销售与计划运作委员会，参与的环节包括市场、研发、计划、采购和制造等。计委分为 3 级，一级计委隶属于公司财经委员会，其下设的集成计划部对各计划实体组织具有考评和调配权。公司按照产品和地区部设置了多个二级计委，二级计委之下按照国家（地区）和子产品线拆分成立了多个三级计委，如图 9-2 所示。

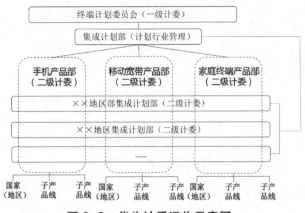

图 9-2　华为计委运作示意图

在二级计委的基础上，华为终端要求各地区部基于月度滚动要货预测与计划，制定滚动财务预测，支撑公司经营管理。在月度二级计委的例会上，各地区部的销售主管、交付主管、产品主管、代表处主管、渠道主管、零售主管、财务主管都应参与进来，进而拉通一线所有环节的经营活动与信息流，形成地区部战略相匹配、公司供应可实现的计划结论。以国内为例，华为终端地区部 S&OP 运作优化图如图 9-3 所示。

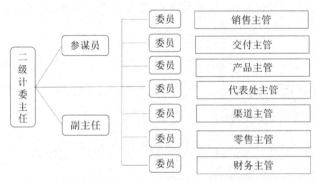

图 9-3　华为终端地区部 S&OP 运作优化图（以国内为例）

通过以上优化，华为终端有效地强化了地区部 S&OP 在全流程管理方面的权力，最大限度地整合了各环节的资源，提升了专业计划人员运作 S&OP 的动力。

相关数据显示，在 2012 年上半年，华为整体计划准确率较 2011 年上升 4.5 个百分点，综合准确率高达 70%。与此同时，华为终端订单周期得到了相应优化，比如手机的订单周期从 2011 年的 30 天缩短到 2012 年的 24 天，订单投诉率大大降低。华为终端通过优化后的 S&OP 率先实现了从被动接受需求到主动引导客户，和客户实现了双赢。

总之，华为通过团结一切可以团结的力量，整合其他环节，不仅让 S&OP 变得更加完整，也让华为终端的预测做得越来越准确。

"P"：一个计划

有了销售（S）与运营（O）后，还需要有输出，即计划（P）。计划是华为经过产销平衡后得出的。计划以远粗近细的方式呈现，时间离得越近，计划颗粒度越小，反之，计划颗粒度越大。就如从上游到下游，经历了水流的冲刷，河底的石头越来越小，如图 9-4 所示。

图 9-4 S&OP 的颗粒度

事实上，S&OP 产生后，不少企业对其认知不够全面，始终认为 S&OP 就是一个会议。在华为看来，S&OP 的含义并不仅限于此。华为认为，跨领域、跨部门的人员参与 S&OP 有助于实现平衡，能避免供应链领域出现跷跷板效应。S&OP 的平衡过程是动态的，会将整个公司的各种经营要素放在会上进行决策。同时 S&OP 能有效促进年度预算、规划、执行等各方面的发展，是公司层面很重要的运作机制。

所以回过头来看，SOP 和 S&OP 区别很大，前者属于制造领域，后者属于计划领域。S&OP 能让企业的研产销形成有机协同，进而促进供应链高效运作。

计划的作用：生产大合唱的指挥棒

自华为 1998 年进行 ISC 变革以后，华为人员一致认为计划是供应链的核心之一。尤其是对后端采购、制造、物流而言，计划显得尤为重要。这是因为生产所需要的物料、交付目标、提货计划都得依赖计划部门。

如果把供应链的生产比作一个大合唱，那么计划就是大合唱中的指挥棒。指挥棒首先要指挥大合唱的起、唱、停，指挥节奏的快慢，还要指挥高潮、低谷的巧妙转换。由此可见，对于整个大合唱而言，指挥棒特别重要。虽然指挥棒看起来舞来舞去，变化频繁，但正是它在指挥着整个合唱团唱出美妙的歌曲。

生产中的众多环节就是合唱团成员，既有生产线、物流配送这些基本单元，又有工程、NPI、质量管理等环节。要让这么多环节很好地协调在一起，必须得有统一的指挥——计划。所以华为认为，计划十分重要。

华为的计划是怎么指挥生产的？我们先来看一组华为手机销量数据，如图 9-5 所示。

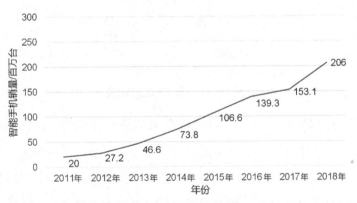

图 9-5 华为手机销量

从 2011 年到 2018 年，华为手机的销量从 2000 万台到突破 2 亿台。整个生产涉及要素众多，计划的重要性不言而喻。一方面，计划需要驱动人机料法环①各环节。另一方面，一旦计划做得不准，带来的影响是巨大的。

举例而言，如果一般计划的波动率达到10%，那么按照华为发货量2亿台测算，意味着将有2000万台手机的波动量。

这意味着什么？

2000万台手机的波动量意味着将有约5万名工人受到影响。如果发生物料跳票、工装设备到货不及时等情况，还会导致临时通知工人放假的情况发生。这意味着华为需要工人延长工作时间或在节假日加班补救，代价可谓巨大。如果波动率高达20%，代价将难以想象。因此，发挥好计划的指挥棒作用是一个必然的趋势。

一部麻雀虽小、五脏俱全的手机，其生产工序极为烦琐，生产环节极容易出错。计划要想将每个音符都放在正确的轨道上，让生产现场的"大合唱"变得铿锵有力、快速准确，需要具备"运筹帷幄之中，决胜千里之外"的指挥能力。

对于计划的指挥棒作用，我们可以从案例窥探一二。

非常时期的"救火队"

华为的三亚会议结束后，余承东新官上任，很快"烧了三把火"，然后接连"砍了两刀"。

第一把火：融合产品线，把产品划分为D、P、G、Y 4个系列。

第二把火：取消贴牌机，建立华为自有品牌，把华为 Logo 印上手机。

第三把火：加强软件和外观设计，产品不再为运营商服务，而是关注市场。

第一刀：2012年年初，余承东毅然决定砍掉大量运营商贴牌手机和非智能手机的订单，坚决向智能手机和自有品牌转型。

第二刀：2014年下半年，华为将手机的机型数量缩减80%，从而告别规模战。华为需要找准自身定位，一方面做好产业链的垂直整合，另一方面做好软硬一体化。

余承东烧的三把火，基本上确立了华为手机未来的战略方向和目标。为了响

---

① "人机料法环"是指人力、设备、物料、制度、环境。

应余承东的变革号召，华为不再依靠运营商，开始着力打造自身品牌。

然而，美好梦想的实现总要接受严酷现实的洗礼。面对竞争激烈的市场，没有了运营商这道防护网的庇护，华为供应链体系的问题逐渐暴露出来，到处"火灾不断"。

变革开局虽然艰难，但是在非常时期，调度部门这支"救火队"，靠着"笨办法"和数百个日夜的坚持，通过拉通前后端，让 2014 年的终端制造交付首次达到了挑战目标——华为 P6 高端机型销量超过百万台，华为品牌在市场上打响了第一炮。

第一次就把事情做对

早期的华为工厂，时常有以下场景上演。

"刚才采购又报了一个欠料，上午的排产要重新调整。"

"工厂产能承诺有问题，每次口头上承诺得很好，隔天就跳票。"

"一到周五下午，就会发生物料质量隔离的异常，周末又休息不了。"

针对华为终端现场交付业务这些突发的异常，华为的调度部门对员工的工作日历进行了梳理，结果发现，终端生产现场几乎每天都要预留超过 4 小时的异常处理时间，除去每天的例行工作外，平均每人都要加班 2 ～ 3 小时，以解决现场的突发问题。

当时的华为终端生产现场就像一只长期开启乱撞模式的"苍蝇"。

为做好终端生产现场的异常管理，华为的调度部门试图扭转这种局面，在观念和方法上进行一次变革。

当时，华为引进了一位六西格玛的专家。在内部讨论会上，专家给调度部门支招："你们可以参考一下 QMS（Quality Management System，质量管理体系）。"说着便拿出相关文件供调度人员翻阅。

看了文件后，调度人员醍醐灌顶，找到了解决问题的方法——将终端 90% 的业务交由代工厂承担，并制定相关处理规则和管道，华为的生产就不再受人员、地点的约束。

时间不等人，找到解决方法的调度部门立即成立项目组，通过列举过去影响交付的各类异常，制作出完备的需要代工厂明确规则的点检表。经过两年多的努力，华为终端所有工厂都摆脱了"完全靠老员工、靠经验吃饭"的窘境。

终端销量也保持稳定的增长，年度交付达成率屡创新高，现场调度人员不增反减，用人成本大大降低。而此次事件也让"能否用规则指挥各环节第一次就把事情做对"成了衡量生产现场调度能力的新标准。

向更快、更强的目标迈进

"什么时候我们也能成为业界第一？"2015 年前，华为终端怀揣着这个梦想。2015 年，这个梦想的实现终于迎来了一个契机。

当时，华为 P8 作为上半年旗舰机型，自 4 月上市后销售情况极佳，在提升华为品牌知名度的同时，也为公司带来了丰厚的利润。为进一步满足市场需求，各代工厂快速增加产能，但因为 6 月中旬手机屏来料存在质量问题，产品大面积被隔离，接近半月无产出。6 月下旬，首批新料到达工厂，终端公司要求将制造周期压缩至原来的 1/4，从而保障产品快速交付。

之前，华为处理紧急订单都以条为计数单位，仅靠加班加点的监督就能督促交付达成目标。但如果按照终端公司的要求，将制造周期压缩，那么就必须要有新的计划与过程管控方案与之适配。

尤其是经历过周期改善的环节，到了一定的瓶颈期后，同等水平的周期缩短难度系数会直线上升。针对该问题，华为计划部门提出了两个方案。一个是按日将整体需求分解，安排 4 ～ 5 名骨干轮番上阵。另一个是通过压缩工位的作业时间，达到制造周期压缩的目标。

与前者相比，后一个方案技术难度更大，况且华为制造向来将质量放在首位，短时间内缩短工序时间，几乎是不可能的。

为了更好地实现交付，项目交付团队重新整理思路，提出了一个精益解决方案——摒弃按照计划生产的模式，按照流线型连续加工思路，消除工序间的周期等待。

调度部门快速召集相关部门进行讨论，各环节对新出台的方案一致赞同，终于敲定了华为终端前进的路线。

最初运行该模式时，不少人质疑如此仓促，各环节是否能够很好地互通。事实上，不仅生产制造没有延迟，各环节也都提前完成任务，效率大大提升。可以说，在新的模式下，前端各环节都清楚地知道后端环节的需求，铆足了劲加油干，不仅完美满足了客户的需求，同时也很好地调节了库存。

通过华为 P8 的实践，华为逐渐认识到调度领域大有可为，并在调度领域逐步实施精益的分析与改善方法。各种项目、培训如雨后春笋般在调度领域兴起，为调度领域再次赋能，培养了一批又一批懂业务、有技能的人才。这为华为未来迈向行业第一打下了坚实的基础，支撑着华为向更快、更强的目标前进。

从调度领域的案例中我们可以看出，计划部门以自身的专业性赢得了全链条的尊重和信任，出色地发挥着指挥棒的作用。计划部门不仅有序指挥着众多环节，调配资源来进行有节奏、有目标的生产，一旦出现了异常问题，计划部门也能快速进行协调。就像集结号一样，号角一吹，人员快速集结，问题解决后快速撤退，奔赴下一个战场，看起来不留任何痕迹，实际上体现了高效的执行力。

计划的挑战：解决百里缺一的物料齐套难题

长期从事供应链工作的计划人员会发现，在供应链里会遇到层出不穷的各类问题，但是通过复盘会发现，特别突出的问题主要有两个。

一个是老生常谈的问题——计划的准确性问题，计划老是做不准。另一个就是物料齐套的问题，有时缺许多物料，有时只缺一点物料；物料缺的频次也不同——偶尔缺、经常缺。

事实上，华为计划部门很早就认识到物料齐套的问题，并且直面挑战，想尽办法去解决。

一方面，华为供应链在 ISC 变革推行不久之后就发现，整个供应链协同最关键的一个节点是实物齐套后的生产上线。

无论前面如何安排，如果能确保生产上线，那么供应链各环节的整体步调就会变得十分清晰。而且华为内部人员一致认为，齐套上线恰恰是拉式生产的一个重要节点，即以实物齐套上线为终点，倒排人、机、料、法、环各要素的执行计划。

另一方面，将上线的点控制住后，华为供应链既可以往前端拉动物料，也可以减少后端的大量生产异常。

除此之外，做好物料齐套还能带来一个更大的好处——减少库存。物料齐套后，中间不会有太多在制物料等待，可以顺畅地往下道工序流转。如果上线批量能进一步减少，在制库存水平也会进一步降低。

认识到物料齐套的重要性后，华为便下定了做好物料齐套的决心。以 CBG 供应链为例，华为在摸索物料齐套的方法和工具的过程中不断前进。

第一阶段：流程 + 供应商 + 人为管控

2012 年之前，华为 CBG 供应链的物料齐套以流程规则为主，加上供应商的协同和有效的人为管控，物料齐套在一定程度支撑了华为从一个小公司快速进入全球化的阶段。

那时，华为只有 MRP（Material Requirement Planning，物料需求计划），即根据产品结构各层次物料的从属关系和数量关系，以每个物料为计划对象，以完工时间为基准倒排计划，按照提前期的长短，区别各物料下达计划时间的先后。

然而要想完成不同物料场景的区分与改善，比如生产前的物料齐套、加急单的物料齐套、欠料缺料的物料齐套……依靠 MRP 是远远不够的。因此，华为决定梳理各种物料到料的规则，结合业界经验，将华为物料采购规则分为 DUN[①]、VMI[②]、Normal[③] 等几类。比如通过 DUN，华为可以在生产前实现通知到料，按照双方约定的时间，收到与预期相一致的物料，从而确保物料齐套。

除此之外，供应商的协同也十分重要。

华为通过对物料齐套问题的审视，发现不少与华为合作的供应商供货周期长

[①] 本质是准时制采购，即通知到料，指需求方根据自己的需要，对供应商下达订货指令，要求供应商在指定时间将指定的物料品种和数量送到指定地点。

[②] 供应商控制用户库存，在供应链机制下，采购不再由采购者操作而是由供应商操作。

[③] 看板要货，由企业采购人员用 MRP 制订采购计划从而采购物料。

短不一，不少供应商的产品无标准配置，订单常常欠料装配，产品间的通用器件少。

举例而言，2006年华为在做半导体产品时，由于半导体技术被几大科技巨头公司牢牢把持，加上华为的采购体量较小，因此华为在半导体行业地位不高，基本没有话语权。

同年，静态随机存取存储器出现了大面积的欠料，主要原因是华为的友商挤占了业界某供应商的产能。与此同时，华为计划部门对行情的洞察滞后，导致华为的补救措施无效果、不及时。

吃一堑，长一智。之后华为在与供应商合作的过程中，会要求所有供应商配合做"快速报欠料"，简称"报欠"。

如此一来，即便供应商有欠料的情况发生，华为也能及时获取信息，快速做出调整，寻求其他渠道的物料，填补欠料的空缺，做好生产上线前的物料齐套。

第二阶段：用IT固化流程

2004年，华为在内部推行和优化高级计划与排产系统APS，主要目标是将APS由一个"可用"的系统转变为一个"好用"的系统，大幅提升计划的质量与效率，推动供应链绩效的提升。APS的目标分解如图9-6所示。

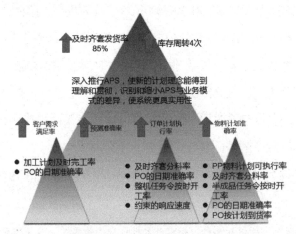

图9-6 APS的目标分解

注：① PP，一种聚丙烯材料，是所有塑料中最轻的品种之一。

② PO，Purchase Order，即订货单。

从图 9-6 中我们可以看出，APS 的供应链绩效指标，其中一个就是及时齐套发货率要达到 85%。

由此可见，APS 的诞生，将会对解决物料齐套难题产生促进作用。

于是在 2012 年，华为终端开始全面推行 APS，并将原来的计划倒排、物料齐套上线、报欠等方法和规则加入 APS，使优秀物料齐套实践通过 IT 系统得到了固化。

然而，系统的灵活使用并不是一蹴而就的。华为需要先熟悉系统规则，人为地进行训练，使系统规则与业务规则不断进行匹配。因此，第二阶段实际上是 APS 与人工并行运作的阶段。在这一阶段，物料齐套率得到了很大的提升，接近 90%。

第三阶段：打通前后端信息链

面对第二阶段还未解决的 10% 的问题，华为对前面打造的方法和工具做了进一步的升级，并通过数据手段打通前后端信息链。

在排产工具上，华为自主开发了细排产系统，排产颗粒度从天细化到了班次和小时级。

物料齐套方法论升级成了 3 层齐套，即预测齐套、信息齐套、实物齐套。华为创造性地发明了 T-1（T 代表天数）工具，在上线前一天再次审视所有排产条件的就绪情况，包含人机料法环。

在物流路径优化上，实施了去中心化，建立多个区域仓，覆盖不同地域的工厂，一改过去由中央仓对应所有工厂的局面，物流路径进一步缩短，部分物料直接发送到离工厂很近的区域仓后，根据生产需求提前 4 小时实现精准配送。

应用这些方法和工具后，华为基本解决了物料在上线前经常缺失的问题。物料齐套以层层递进的方式，与排产规则进行匹配，并与工厂报欠相互校验。经过这些流程后，最后只剩下极少数的异常需要人工进行干预，这使信息流管理更加高效、实物流管理更加有序。

总而言之，华为在物料齐套的管理上，并不是完全依赖 IT 系统，而是流程在前，IT 系统在后，并通过"报欠"的方法和产业链协同，共同推动减少异常。

　　与此同时，华为通过引入 IT 系统，将过去优秀的业务实践进行了固化，加上数学逼近思想的运用，对异常一层一层拦截，不断逼近完全齐套。最终，华为形成了一套组合打法，让物料齐套率长期稳定在 99% 以上。

第 4 部分

重供，然后要供得优

要做就做最好，构建世界一流的供应链体系。

——华为供应链目标

第 **10** 章

物流，专业的事情专业地做

"把产品卖到全世界去！"

这是不少企业提了很多年却一直难以实现的目标。然而，华为做到了。为什么华为能做到？最重要的原因之一，便是物流能力强大。

2005年之前，华为在国内只有一个生产基地，在深圳。同时，华为的中心仓也在深圳，所有库存由一个中心仓集中管理。然而，当华为的客户遍布很多国家和地区时，尚未健全的物流配送体系，使得华为为全球客户提供服务时，显得有些捉襟见肘。

为有效支持拓展全球市场，除了国内，华为在印度、墨西哥、匈牙利和巴西四国建立了4个供应中心。与此同时，华为还在迪拜、荷兰等国家（地区）建立了区域配送中心。加上全球运输路线的优化，华为基本构建起了一整套物流配送网络。全球物流体系的建设使华为既能降低物流运作成本，还能快速响应市场需求。

华为供应链的物流管理能力远不止于此。在物流管理领域，华为提倡"专业的事情交由专业的人用专业的方法办"。

华为在2010年左右进行组织变革，把物流一分为二，一个是面向制造的物料配送，另一个是面向客户的物流。

"把产品卖到全世界去！"便是面向客户的物流。对于华为内部而言，要想做好供应，面向制造的物料配送也十分重要。将制造所需的物料资源快速配送到线上去，使得整个物流路线、生产准备周期变短，这样生产也就更得心应手，供应与交付也就更加及时。

提效方式：去中心化与线边超市

回顾一下面向制造的物料配送历程，可以发现华为经历了3次迭代。首先是中心仓，然后是二级库，最后是线边超市，如图 10-1 所示，整个过程中物流配送的效率大为提升。

中心仓 ——————→ 二级库 ——————→ 线边超市

原材料　　　　　　　　原材料

改变点：去除中心仓、优化二级库和线边超市，缩短发料路径，优化发料方式。

图 10-1　华为面向制造的物料配送历程

去除"又笨又重"的中心仓

在早期，为了将仓库的存储能力提升至原来的 1.5 倍，大大减少各仓之间物料调拨的成本，提升面向制造的物料配送效率，华为供应链建立了中心仓。

何为"中心仓"？我们可以通过一个例子来感受。

我们平时上网主要通过门户网站、微信、微博等平台获取信息。其中，门户网站就是"中心化"的典型代表。门户网站的特点是"我说你听"，并且说和听的角色是固定的（以政府门户网站为例）。门户网站输出什么内容，用户就只能听到什么内容。

供应链的中心仓与门户网站存在异曲同工之处，是各种资源的集大成者。虽然其资源、信息集中且统一，但因为体量太大，反而显得"又笨又重"。

对于华为供应链而言，几乎所有物料都先往中心仓放，放完之后不断往下分发。三段式发料模式使得发料周期变得更长。这对于早期的 To B 领域来说，是可以忍受的。但对于后来的 To C 领域要求的短、平、快的供应，周期越长，将越不利于整个终端的发展。

于是，华为率先在终端 CBG 对中心仓进行了变革。变革的第一步就是取消中心仓——去中心化。

什么是去中心化？如果门户网站是中心化的代表，那么微信、微博、贴吧则是去中心化的应用。用户既是生产者，也是消费者。简而言之，去中心化的本质是对用户赋权，用户不用只坐在观众席上了。

对应华为物流层面，即任何一个仓库，都有可能成为华为的中心仓。

在去中心化的过程中，华为将中心仓逐渐分解成不同的物料分发方式。对于其中无法去中心化的部分，用 Milk Run（循环取货）、JIT（准时化）和 Normal（物料需求计划）的方式分摊中心仓的压力。如此一来，物料配送路径便大大缩短了。

按楼栋点对点发料的二级库

2006年华为物流还在实行中心仓制度时，曾经设置了一个组织——物料配送组。该组织成立的目的是先将不同物料往一个地方集结，再用各种不同的车发往不同的生产制造库房。为实现快速运输，华为甚至成立了一个团队专门负责车辆调度。

去中心化后，这个组织就解散了。这是因为华为发现，此时不再需要物流的车辆调度，只需要将之前的二级库变成一个发料的库房就能实现物料的发放。

由于库房分布园区不同，因此，只需要按照楼栋分布，让二级库与制造库房进行点对点发料，物流路径和物流周期就会进一步缩短，物流就会变得更加经济便捷。

短、平、快的线边超市

在生活中，进超市买东西是我们日常消费的主要形式。事实上，目前生活中的超市与制造生产中的超市十分相似。两者都是能放置物料的地方，都有客户需求，都具备可视化特点，都需要根据客户需求进行相应的补充，都是为了在保证物料供应的情况下维持最小的库存量。

在制造生产领域，最先意识到超市这一优点的是丰田精益生产的创始人大野耐一。当时，丰田缺乏材料和资金，为实现准时交付，大野耐一借鉴超市的原理，设计出了后道工序到前道工序领取零件的方法，通过看板形成拉动。在这个设计中，物料集中领取与补充的地点就是超市。

后来，业内不少企业开始用超市的方式取代所有的线边仓，线边超市（Lineside Supermarket）应运而生，成为风靡一时的物流变革方式。作为紧跟时代潮流的企业，华为曾邀请日本丰田顾问在公司内部进行了推广，具体做法是取消中心仓，建立线边超市。

线边超市是预订存放标准库存的地方，以供应下游工序生产，通常都被安置在工位附近，以便生产操作员能够看到库存量。线边超市中的每个产品都存放在一个固定的位置，供材料搬运员提取下游所需。在拿走一个产品之后，上游的材料搬运员就会把一个生产指令（如看板卡或一个空的箱子）带回上游工序。

线边超市的意义在于，在不能整流化的地方设置物料超市，然后以看板指令的形式实现后拉计划生产。精益生产通过整流化的生产，使得物料发料周期大幅缩短，整体的物流配送流程达到短、平、快的效果。

经过了这3次变革，华为物流整个物料配送的效率得到极大提升，有力支撑了华为的商业成功。尤其是CBG供应链To C领域的发料周期实现了从原来的三四天到小时级极速响应的蜕变。

物料配送：半小时供应圈

在经历了去中心仓、优化二级库、建立线边超市后，华为物流于2010年实现了两小时供应圈（在两小时内实现产品供应）。

然而，随着华为的快速发展，两小时供应圈已然满足不了企业与客户的需求。于是，供应链进一步提出了"半小时供应圈"的目标，如图10-2所示。

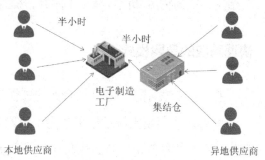

图 10-2　半小时供应圈

优化物料集结路径的变革小组

华为终端在 2014 年左右成立了优化物料集结路径变革小组。

在这个小组里，采购部门是"领头羊"，带领计划、制造等部门参与物料的集结工作。那时，华为就已意识到，物料的集结对生产现场的加工十分重要。只有做好集结，物料才能到得快、到得比较准确且没有质量问题。而优化物料集结路径变革小组刚好能帮助华为终端做好物料的集结工作。

这个小组运行了 3 年时间，主要目标是优化从供应商过来的物料配送的路径以及物料往生产线配送的方式，使得配送既简单又快捷。

举例而言，"直发"是物料配送路径的优化方式之一。该小组探索出了物料直发和成品直发两种方式。

物料直发是指物料不经过中心仓，直接从供应商运输至华为的自制生产线或电子制造工厂。具体是包材、电源、电池、结构件等体积大而价值不高的物料品类率先实行物料直发，从而大幅缩短物流运作周期。

成品直发又称"工厂直发"，是指产品在工厂完成生产加工和包装后，直接由物流承运商运输至客户指定地址。成品直发的货物不需要经过成品仓，下线即发货，以此缩短成品的暂存、储存时间。

无论是哪种直发，都在一定程度上缩短了物流运作周期。通过优化物料集结路径，华为已然达成了"三赢"的局面：客户能更快拿到货物，供应商减少了物流费用，华为物流部门也减少了库存，提升了效率。

快速响应的星网模式

在一次与贵阳富士康开展合作的过程中，华为遇到了一个令人头疼的问题。

那时，贵阳富士康承接了华为手机四分之一的产量。与此同时，华为在长沙和伟创力的合作停止，其后华为和长沙比亚迪合作。

在多地拥有了制造工厂后，华为又有了新的烦恼——如何围绕这些制造工厂进行物料供应？如何实现多供应中心的配送？

诚然，供应中心的建立，让华为的物流配送效率得到了极大的提升。然而，通过此次事件，华为很快就发现，当只有一个供应中心时，物料管理还比较简单，容易掌控。但随着体量的快速扩张，未来华为势必要在全球建立多个供应中心。那么，到那时，物料管理会越来越复杂，华为应该如何应对呢？

为了实现可持续发展，华为找到了解决燃眉之急的方法——诺基亚的星网模式。

星网，有世界明星企业网络之意。星网的生产运作模式是一种拉式生产模式。首先，诺基亚会根据市场需求，定期向相关零部件供应商发送订单（包含年、月、周、日乃至小时级的订单量）。然后，各供应商快速在全球范围内部署，就地生产或调集相应零部件，并交由物流公司向诺基亚发货。

由于星网产品数量大、生命周期短，并且需要每周 7 天 24 小时不间断运转，诺基亚决定通过与供应商的合作，采用多批次、小批量、频繁补充式的准时送货方式。

这种模式帮助诺基亚实现了原材料和产品的"零库存"，将空间和资金的占用降到最低限度。加上诺基亚的投资规模与重量级品牌形成的聚合效应，大大降低了园区企业间的交易成本，提升了诺基亚对市场需求的反应能力，缩短了产品更新换代的周期。可以说，诺基亚通过世界一流的生产运作和灵活快速的经营管理，实现了零库存和规模经济的目标。

诺基亚逐渐"日落西山"，但是其留下的供应链模式仍然值得借鉴。华为决定模仿诺基亚，以制造工厂为核心，围绕制造工厂形成供应圈，通过华为区域仓配送、供应商直发、供应商管理库存等方式，将所有物料的响应时间限定在半小时以内。比如以长沙、贵阳、深圳为供应中心，优化三地的物料集结路径。一方面可以靠本地仓来供应，另一方面可以让异地供应商通过集结仓的方式解决供应问题，让其在半小时内完成集结。在仓库的前端，员工需要提前管理这些物料来料的方式，解决物料的异常问题。

总之，华为以制造工厂为中心，形成了多个半小时供应圈。因此，即便华为供应商遍布全球，物料配送方式多种多样，但在半小时供应圈的支撑下，华为也不再害怕完不成物料的配送，影响产品的交付了。

国外布局：从供应中心到 HUB 仓

任正非说过："及时、准确、优质、低成本交付，只有 4 个要素同时满足，才是真正的以客户为中心。"

华为的物流分为两段，一段是面向制造的物料配送，另一段是面向客户的配送。前端的制造生产固然重要，但后端的客户其实更为重要。

可以说，只有坚持以客户为中心的价值观，将产品供应到位，满足全球客户的需求，华为供应链才能适应全球化发展。

最强终端供应中心

随着电商的飞速发展，华为面临一个问题——消费者期望下单后的交付速度越来越快。从原来的一周到两天再到当天送达，客户对物流的要求越来越高。那么，如何才能满足客户的需求呢？

对国内物流运输而言，各地交通便捷，且政策没有相关限制。但国外运输存在相应的物理运输周期，基本不可能完成快速交付。即便是最快的空运，也需要 3 ～ 7 天的运输周期。与此同时，各国（地区）对境外产品的接收政策不同，如果遇到突发危机，会对境外产品进行入境限制。

由此可见，华为在国外交付上，需要在时效和成本之间做艰难的平衡。

除此之外，当华为品牌走向国外，势必产生全球网络布局的需求。如何建设全球网络成了华为需要探索的问题。

华为在国外先后设立了欧洲供应中心、南美供应中心、中东非供应中心、印度供应中心，将一部分半散件发到了国外，并将其在当地组装为成品后再进行销售。这一在国外进行加工的举措，提升了华为国外供应的速度，大大缩短了成品运输周期。

一方面，供应中心的出现，解决了当地海关限制的问题，例如印度、南美洲不允许出口成品，而出口半成品则完美突破了这个限制。

另一方面，华为的供应中心同时覆盖了周边多个区域，可以快速地向当地客户实行分布式的供应。

可见，供应中心能够有效解决华为全球交付的难题。

在华为，有个终端供应中心成了华为所有人的骄傲。"华为消费者业务国外50%、国内30%的货品都从这个供应中心发出去。"每当向其他人介绍南方供应中心时，华为人总要小小地"炫耀"一番。

这个全球最大的终端类自动化物流中心将原来华南地区的7个仓库融合，形成一个全球供应中心。这一供应中心的成立将仓库的存储能力提升至原来的1.5倍，大大减少了各仓之间调拨的成本，进而提升了华为面向制造的物料配送效率。

之所以建立这个供应中心，是因为当时随着Mate 7等旗舰机型的大热，仅仅依靠华为的仓储和物流能力，早已无法满足业务发展的需求。华为终端CBG必须重新规划仓储网络，而南方供应中心的诞生无疑是其中最重要的一笔。

在建设南方供应中心的过程中，华为对业务数据进行了详细分析，其中涉及17种场景、几十万条业务数据。物流人员一边"贪婪"地学习各仓库的业务模式，一边分析他人的先进理念与不足，探索南方供应中心的最佳解决方案。

举例而言，智能生活馆作为一个崭新的场景，其每单需求包含了上百种产品型号。如何在实现自动化的同时确保准确性呢？

在一次仓储论坛上，物流人员偶然看到了一篇关于Flow Picking（按流程拣选）的技术文章，认为这个概念十分适合华为物流的混包场景。于是，物流部门便着手将该概念演化成一套完整的解决方案。

通过跨区域接力拣选和按灯结合的方式，物流部门让不同的操作人员将分布在不同区域的产品拣到一个周转箱中，减少人员的无效走动，使拣货效率大大提升。诸如此类的案例还有许多，不少物流场景在华为历经千锤百炼。最终，华为在2018年5月完成了南方供应中心的终版方案。

同年的"五一"节假日期间，华为交付压力很大，物流部门的不少员工都坚守现场，家属们主动到"荒山野岭"看望。功夫不负有心人，历经几个月的线上运营，南方供应中心面向制造的物料配送效率大大提升，华为产品的交付能力从最开始的 600 单 / 天提升至 2400 单 / 天。订单日清日结，交单及时率高达 97%。

这来之不易的成果，背后是面向全球客户的供应中心的支撑。

提升货品流通率的 HUB 仓

1500 名施工人员白日黑夜错峰作业，100 台挖掘机、塔吊、洒水车和料车齐头并进、来回穿梭，"红、黄、蓝、白"施工人员驻扎现场、连续督战……这是 2019 年长沙华为 HUB 仓（见图 10-3）项目的开工现场。

图 10-3　长沙华为 HUB 仓

在这次项目中，华为总投资 4.3 亿元，仓库主体建筑以混凝土结构为主，建设项目主要包括大型仓库、餐厅宿舍、传输管道、架空平台。此项目的建成有效促进长沙形成了华为产品一小时物料配送生态供应圈。

什么是 HUB 仓？在物流领域，HUB 仓又称节点仓，意为快速集成配送中心。HUB 仓储是指企业租用中间商或代理商的仓库，对物流进行管理。在对 HUB 仓进行管理的过程中，货物所有权不归中间商或代理商，中间商或代理商根据货主的指令配发。

华为为什么要建立 HUB 仓？原来，建立了供应中心后，华为又发现了一个新的问题——供应中心很难进一步提升时效性，那么如何才能更好地应对客户更高的交付要求呢？

于是，华为内部经过多轮探讨，最终决定设置 HUB 仓，客户下单后，华为直接从最近的 HUB 仓发货，大大提高了交付效率。

华为 HUB 仓是货物的分发中心、集散中心，相当于浓缩版的供应中心。华为为快速实现全国各地的交付，会在全国各地设立 HUB 仓，位于总部的订单部门接收到客户（包括经销商和网络消费者）的订单后，会将订单派发给各地 HUB 仓，由各地 HUB 仓单独发货。

与此同时，华为 HUB 仓根据需求量、补货时效性等参数设置高低水位（库存水平），既通过最低水位保障了供应的连续性，又通过最高水位控制了库存资金占用和呆滞风险。

华为 CBG 供应链曾设立物流 HUB 仓，并采用 Milk Run 来实现面向客户的多点多频的配送。

对于网点密集的区域，借鉴了牛奶循环配送模式——Milk Run。Milk Run 即"循环取货"，也称"牛奶取货""集货配送""多仓储间巡回装卸货混载运送""定时定点取货"。

Milk Run 是物流中常见的一种配送方式，这种配送方式来源于 19 世纪美国和英国的送奶工的送奶方式，即送奶工送奶的同时需要收回客户的空奶瓶。在供应链中，承运商携带须从物流中心返还给供应商的货物，将返还给供应商的货物依次卸下后，再将从供应商处收集的货物带回物流中心。

从采购角度来看，在原材料使用量确定的情况下，通过实施 Milk Run 整合多家供应商的运输路线，减少供应商的送货次数，降低运输成本。同时，Milk Run 模式将以往的被动取货转变成了主动取货，华为采购部门可以根据生产需求计划，按比例从不同的供应商处取货，有利于提高物料的准时到货率和齐套率，避免因物料短缺而影响生产装配。

从供应商角度来看，在实施 Milk Run 的过程中，华为采购部门会定期给供应商制订需求计划和滚动预测，不再要求供应商建立大量的安全库存。因此，供应商只需根据生产周期和需求计划，合理安排生产和采购。这样既可以降低成品库存量，也可以降低原材料库存水平。

实现了成品 Milk Run 配送，华为物流可以每天以固定的路线和时点对多网点进行准时配送，让客户在两个小时内就能收到货品。

通过探索，华为的交付周期进一步缩短，有力支撑了供应链高效、及时、准确地配送。

第 **11** 章

制造，产品价值形成的核心环节

2000 年左右，丰田生产方式创立者大野耐一的弟子增冈范夫带着一位后生——毛吕俊郎来到了华为。

为迎接两人的到来，华为举行了隆重的欢迎仪式。上台亮相讲话时，增冈范夫却说："好吧，我们现在去现场吧！"

来到现场，增冈范夫与毛吕俊郎便开始指导操作台，提出了让操作员站起来操作的要求。刚开始，大家感到十分疑惑，难道高薪聘请来的顾问就只是来简单地指挥一下操作员吗？没过多久，大家便慢慢发现，站起来工作的员工由于身体舒展开来，工作效率提高了 10% 都不止，而且员工感觉不累。增冈范夫进一步提出现场操作的基本原则，认为生产线效率还可以提升 30%。

这让华为感到震惊，原来，生产现场一个小小的改善居然能创造出如此大的价值！自此，华为便开始感受到了精益生产的魅力。

造就精益的生产制造被称为改善。丰田并不是一夜之间成为世界第一的，而是经历了六七十年日复一日的制造生产改善。所谓改善，是指今天的工作比昨天做得好，明天的工作比今天做得更好。天天小改善，年年大进步。丰田正是通过几十万人在制造领域一点一滴地持续改善，才取得了如今的成就。

回过头看，制造是企业管理大系统中的一个子系统，处于执行地位。它能按照企业经营决策所确定的经营方针，实现经营决策所制定的规划、目标，保证企业生产计划任务的顺利完成。因此，重视制造，重视生产，推行精益改善，会在无形中形成产品的价值。这种"不花钱的改善"已然成为华为供应链崛起的秘诀。

自制工厂：我们正在做世界上最好的手机

网上流行过这样一则新闻，一位 41 岁的南非人在开普敦的住宅外停车时，遭到两名劫匪袭击。

当事人女儿回家后，看到了倒在地上的父亲，迅速将其送往医院抢救。幸运的是，当事人与死神擦肩而过。

"我醒来的时候，只觉得胸口很闷，想看看伤的位置在哪儿，结果一看，子弹没有穿透放在我胸袋里的华为智能手机，被卡住了！"这不禁让所有人都感到震惊。

当天，这件事便迅速登上了新闻版面，华为方面也证实了此事，中新社援引南非华为的说法称，这已经不是其产品第一次为用户挡枪。

对此，不少网友纷纷评论："华为，不愧是国产的战斗机。""华为莫名又火了一把。"

事实上，这台帮外国人挡子弹的手机，是华为松山湖工厂制造的。

从南山到松山湖

1987 年，华为在深圳南山区南油 A 区 16 栋低调成立，在这套不起眼的三居室中，华为全体人员的办公和生活都集中在一处。

"公司成立初期，我们主要是做代理，帮别的公司卖机器，赚一点佣金，慢慢积累到有一二十个人。经常是送货的汽车到了，我们每个人都像搬运工一样，卸货、扛木箱到仓库，客人要货时，我们再去仓库提货、装货。"这是任正非在 2019 年 9 月 23 日接受德国电视台采访时回忆的早年创业搬箱子的故事。那时，华为还没有自己的制造工厂。

后来，随着业务的发展，华为的办公室开始往科技园搬迁。西乡则是华为早期的生产工厂，华为早期著名的产品 C&C08（数字程控交换机型号）都是在西乡工厂生产的。

从 2000 年起，华为搬入深圳市龙岗区的坂田基地，坂田基地是华为的办公总部和生产基地。

6 年后，华为将大部分生产基地搬往宝安区石岩街道的南岗工业园。由于工业园位置偏僻，未通公交，配套设施也不健全，不少华为员工戏称那里是"鸟不拉屎的地方"。

在那里，华为终端刚开始设立了 3 个车间，主要生产固定台、机顶盒和 PHS 小灵通手机，其余产品都是 EMS 工厂生产的。那时，由于生产车间偏远，加上华为品牌名声还不够响亮，华为终端的生产车间面临招人难的问题。

克服了种种困难之后，华为凭借生产数据卡，连续 4 年成为数据卡市场的领军企业，市场份额超过 55%。

两年后，CBG 供应链在南岗的生产车间被撤掉，人员全部搬到了南山的威新软件园办公，泛网络供应链也搬迁至松山湖，华为供应链的"南岗时代"宣告结束。

赫赫有名的东莞松山湖的南方工厂于 2009 年启用。泛网络供应链、采购和制造等部门全部搬到松山湖。与此同时，坂田生产基地被重新改造，华为将生产线全部搬迁至松山湖，南岗的部分生产线也陆续搬至松山湖，这使得松山湖成为华为的南方工厂。自此，华为正式开启了"松山湖时代"。

华为制造的"松山湖时代"

在深圳，如果你向别人问起坂田，被询问者的第一反应大多是"华为"；如今，如果你向别人问起东莞的松山湖，他们的第一反应也多半是"华为"。

事实上，松山湖原本是位于东莞市大岭山镇的一个大型天然水库。后来，政府以湖泊为中心，将寮步、大岭山和大朗三镇靠近松山湖的部分边缘地带划分出来，与湖泊区域重新组合，成立了新的国家级高新技术产业开发区。

作为产业创新科技中心，松山湖不仅承载着东莞经济发展的未来，更被寄予了厚望。松山湖的发展并没有让市场失望，其生产总值突飞猛进，综合实力在全国高新区的排名也十分靠前。

2011 年，随着智能制造的兴起，华为决定重新建立手机工厂，开始实施智能制造战略。于是，泛网络和终端联合起来，在松山湖一起新建了自制工厂。

一年后，华为便确立了智能制造是制造的建设方向。华为的手机制造开始走专业化路线，让智能制造一步步成为现实。笔者将华为手机制造的成长之路总结为"三部曲"，如图 11-1 所示。

图 11-1 华为手机制造的"三部曲"

那时，华为内部提出过一句口号："我们致力于做世界上最好的手机。"这句口号用"致力于"3个字，说明实际情况和目标还有一段距离。

这之后的 2015 年，经过"两年一小变，三年一大变"的跨越式改进，华为手机开始进入世界前三。因此，华为重新提出口号："我们正在做世界上最好的手机。"这句口号体现了华为的野心和追求，以及自我倒逼的勇气。

同年，国务院印发的《中国制造 2025》整体规划，印证了华为之前的推测——智能制造将登上历史舞台，成为我国制造业竞争力的重要组成。此时，华为的制造体系已初步形成，自制工厂既成了制造的试产线，负责手机等产品的新产品导入、试制和验证，也负责新产品、新模式和电子"三新"的提前孵化，是能力复制的孵化器，更是各方的平衡点，负责部分高端手机交付，与 EMS 工厂协同，形成"自制＋外包"的模式，避免被供应商反制。

那么，在松山湖的工厂里，华为制造到底有多智能？我们可以通过华为 P30 的生产案例来感受。

在生产华为 P30 的工厂里，有几条平行的生产线，每条生产线的长度约为 120 米。在开展智能制造之前，每条生产线需要 86 名工人，增加了机器人之后，每条生产线只需要 17 名工人。

按照自动化率来看，华为手机的自动化水平已经超过了汽车行业。可以说，从原材料到出货，包括配送、装配、测试及包装，华为 P30 的大部分流程都是通过自动化设备完成的。

华为始终把产品质量放在首位。华为的每部手机都需要经过十分严格的质量检测，只有保证产品的质量，华为才能为客户提供更好的服务，从而成为客户喜爱的科技品牌。

主板通过质量检测后，华为会通过传送带将其传到下一个工作站，并与其他硬件部分（如屏幕、电池、摄像头等）自动组装起来。之后由工人将手机包裹到白色保护壳中，从而确保手机交到用户手上时没有指纹。

手机在正式写入系统之前，工人还需要对手机进行跌落测试；测试后，需要通过自动化设备将部分软件写入手机；之后进行音频质量、媒体播放等测试；确认无误后，将操作系统写入手机，确保系统一切正常后，将保护壳去掉做最后的检查；确认没有问题后，对手机进行包装，手机便出厂进入市场。

通过智能制造，松山湖工厂里每条生产线每日生产的手机数量远超之前。

事实上，从华为整个生产制造的发展历程来看，尤其手机这条产品线，华为从最早的手拿肩扛，一步步走向了大规模生产，3次迭代后形成了智能制造。华为松山湖工厂敢于宣称正在做世界上最好的手机，这实际上象征着华为手机制造已经率先进入世界一流的行列。

模式进化：精益生产一个流

20世纪50年代，日本的丰田英二考察了美国福特公司在底特律的工厂。那时，该工厂每日的产量是7000辆轿车，比日本丰田工厂一年的产量还多。然而，经过考察，丰田英二认为，福特的生产体制还有需要改进的地方。

当时的日本，还不可能全面引进美国的成套设备。于是，丰田英二和大野耐一开展了一系列的探索与实验，经过30年的努力，终于形成了完整的丰田精益生产模式。

这一模式的运行，使得日本的汽车产量超过了美国，高达1300万辆，占当时世界总产量的30%以上。

在世界制造史上，丰田汽车集团创造的生产模式可以算作一大奇迹。这种精益生产模式改变了21世纪全球制造业的存在形式与秩序。

那么，到底什么是精益生产呢？麻省理工学院花了500万美元才将日本这套精益生产模式研究明白。简言之，精益生产就是按需生产、不要库存。在生产中如果遇到问题就快速解决问题，在保证质量的前提下降低成本。

风靡全球的精益生产模式成了各国学习的经典，当然也吸引了华为的目光。2000年左右，华为重金聘请大野耐一的嫡传弟子增冈范夫到华为辅导精益生产。

采用精益生产模式改善后，在华为的松山湖基地，原来需要八九十人的手机生产线，如今只需要20人左右，每部手机产出与下一部手机产出仅间隔28.5秒……

回过头来看，华为的生产历程其实可以用4个字来评价——模式进化。总体而言，主要分为3个阶段。

第一阶段：原生发展

成功研发C&C08时，华为的生产以手工作坊为主，主要是为了支撑研发试制，基本靠手拿肩扛，一堆半成品做完之后，用人力传递给下一站，最后还得靠人把产品搬到货车上去。

"刚开始公司就一两个人，货物要运回来，没有钱租车，只能自己扛着一包包的货物往公共汽车上搬。装卸货物时，我扛一包走20米放下来，再去扛另外一包，再走20米……就这样倒腾着扛到公交车站，再扛到公共汽车上。售票员人很好，允许我把货运到南山蛇口，到了南山蛇口我再把货卸下来，20米、20米地倒腾回公司。"曾经亲自上阵的任正非回忆道。

华为早期的发展虽然过程很心酸，但是也很甜蜜。老板与员工并肩作战，反映出那个时候华为的整个生产处于比较原始的阶段，出现过许多问题，比如研发物料清单填写不清、库存积压过多、生产模式单一、大量异常得不到及时处理等。

在这个阶段，华为曾于2000年召开了一次呆死料大会。大会上，任正非明确提出把呆死料作为奖品发给相关负责人员。

召开这种看似"奇怪"的大会，华为的目的是什么？答案是解决问题。

2000年的这次呆死料大会在深圳市民中心召开，参与者是网络产品线的员工，共有2000多人。会议的高潮就是相关团队和员工陆续上台，从产品线总裁手中领取一个个"奖励"，奖项有"埋雷奖""最差CBB奖""架构紧耦合奖"等。

"埋雷奖"是指某些生产环节只想着自己，做出来的产品给后面的生产环节埋了雷；"最差CBB奖"是指不考虑自己研发的部件能不能由兄弟部门共用，导致重复开发、资源浪费；"架构紧耦合奖"是指把系统做得太严密，以至于客户没法单独升级其中的模块。

虽然这些是发给相关团队和员工的"奖励"，但是这也反映出当时的制造没有起到应有的作用，制造与研发联系并不紧密，没有实现协同作战。通过这次大会，华为员工开始重视这些问题。

第二阶段：借助外力

1998年，华为引入ISC变革后，华为制造便启动了内部经营生产的一些变革。当时标志性的事件就是引入了QCC。那时，QC七大手法（质量管理七大手法）、三现主义（现场、现物、现实）、目视化管理①、葡萄图（对工厂的考核标准）等精益生产和质量管理的工具在华为生产线上开始得到应用。

最初的QCC在生产车间施行，其目的是解决生产过程中的不合理问题，包括消除不良品、提高操作效率等。生产车间的QCC一般不超过10人，大多由生产作业的一线员工和技术员等组成。QCC各成员在车间里工作，旁边附上他们的工作目标与计划。年终时，被评为"最佳QCC"的成员可以获得奖励。

在具体实践中，各QCC根据目标与计划对生产提出的质量改进目标，通过运用集体的智慧齐心协力地去实现。这样一来，不但能提升员工的质量意识，还能缩短员工解决质量问题的时间。

华为的QCC改善持续了很长时间，从制造发起，每半年组织一次评审。迄

---

① 目视化管理是一种利用形象、直观而又色彩适宜的各种视觉感知信息来组织现场生产活动，从而提高劳动生产率的管理手段，也是一种利用视觉来进行管理的科学方法。

今为止，华为的 QCC 已经进行了 40 多期。生产现场所引发的 QCC 活动，后来覆盖到了研发、计划调度、工程等领域，形成了全员改善的氛围。越来越多来自生产一线的改善设想使华为的产品质量水平得到大幅度提升。

在松山湖的办公楼里，可以看到"一丝不苟，精益求精，专心致志，持续改善"的标语。可见，在这一阶段，改善的思想已经一步步融入华为文化。

第三阶段：智能制造

2015 年，华为的智能制造战略进入新的阶段——从标杆线到标杆车间再到标杆园区，打造松山湖的智能工厂。与此同时，华为也在运营商领域和终端领域发展了精密制造，比如制造摄像头、车载模块、光模组等一些精密器件。

在推行智能制造的过程中，华为引入了一整套丰田精益生产系统，包括各种方法和工具。为了达到更好的效果，华为每年还会邀请丰田退休的专家来华为做生产现场辅导。2012 年制造体系整合以后，华为每年会派出制造部门的中高层、EMS 工厂代表以及一些重要供应商的中高层前往日本进行精益文化的学习，让他们直接去日本的丰田现场取经，获得原汁原味的体验。

华为生产现场每月会组织一期"生产现场顾问改善周"发表大会，由生产系统改善团队组织，制造部各职能部门、各生产车间等安排改善项目参加。大会同时邀请来自丰田的顾问，以及华为制造体系的部分管理者和华为生产系统专家，针对改善报告进行专题评审，并颁发奖励。

推行精益生产后尝到甜头的华为，开始构思如何集世界之大成为我所用。后来，华为引进了德国西门子的制造技术、美国杜邦的生产安全理念，并把美、日、欧最优秀的制造实践融入华为的生产体系。经过持续努力，仅制造业的一项代表性指标——产品直通率，华为就已经接近日本制造业水平最高的丰田工厂，远高于同行业工厂。

华为制造结合西方先进管理思想和行业最佳制造实践，逐渐提炼出符合华为企业文化的制造战略——"精益生产是基础，智能制造是方向，精密制造是高地"。

如今，当我们再次走进华为制造工厂时，热火朝天、喧嚣的大生产场景不复存在，取而代之的是一个个无人车间，车间的流水线上，一台台自动化装备在 IT 系统的程序指令之下，有序、高速地运转。生产基地的每一台设备、每一位员工、每一件物料，均成为华为物联网上的一个可视化、智能化、数字化的节点。

管理得不细，就像走在沼泽地，越陷越深；管理得细，就像走在大路上，越走越快。面对当今客户的快速供货需求，华为不断加强供应链的快速响应能力，以缩短制造周期为主线，持续进行精益改善，通过采用"一个流"的生产模式，将制造生产业务做简做精，用智能化做牵引，实现生产周期、质量和效率的同步改善。

改善制度：技师文化与工匠精神

相关数据显示，2018 年左右，华为生产线的普通员工的综合月收入就已经达到 10000 元，员工基本人手一辆车，导致松山湖工厂车都停不下了，内部停车场开始收费。

为什么会发生这种情况呢？事实上，这与任正非多次提倡技师文化、工匠精神等密不可分。

术业有专攻的技师文化

之前听朋友讲过一个他的亲身经历。他在巴西工作时，曾从圣保罗的一个商人手里买了一辆车。买了这辆车后，他在更换轮胎时，发现后车轮的一个螺丝有问题。他联系原车主后才知道，之前原车主将车开到偏远地区后遇到紧急情况，无奈之下强力将非标准的螺丝拧了进去。于是，螺丝孔被破坏，拧出旧螺丝后，新螺丝无法再拧进去。

朋友感到十分头疼，因为这种情况轮胎店也无法修复。于是，朋友去了 4S 店，店员却告诉他，如果要解决这个问题，必须更换轮胎和刹车盘等全套设备，而更换的费用竟然高达 3000 多巴西币（折合人民币约 6000 元）！

朋友不想当"冤大头"，后来，在同事的推荐下，朋友抱着试试看的心态去了一家修理店。

经过热火朝天的讨论后，这家修理店的经理带着遗憾的表情告诉朋友，这个问题解决不了。当朋友刚转身走出店门时，经理又将朋友叫住了，"等等，让我们的'大个子'看看吧！"经理指着一旁默默修车的技师说道。

"大个子"忙完手头的工作后，慢慢踱步过来，询问并查看了螺丝孔的情况。然后，便从自己的工具箱里拿出一把游标卡尺，量了新螺丝的直径，并在螺丝孔前反复尝试是否匹配。

过了一会儿，"大个子"又从工具箱内拿出一个带钻头的工具，将工具探到螺丝孔中轻轻拧了几下后抽出来。之后，他便指挥另一名技师拿着吹风头将螺丝孔中的金属屑吹干净。

这时，奇迹发生了，他将新螺丝放入螺丝孔，用扳手顺畅拧进去后，被破坏的螺丝孔竟然被修复了！

朋友喜出望外，十分感谢这位"大个子"。在交谈中朋友得知，原来这个螺丝孔的螺纹已经遭到破坏，"大个子"修复了螺纹后，螺丝才能顺利安装上去。高兴之余，经理告诉朋友，"大个子"在这家店干了40多年的修理工作，十分有经验。

朋友的这则故事让笔者深深陷入了思考。相比4S店的专家，作为客户，笔者更喜欢"大个子"这样的技师。他们会站在客户的角度，帮助客户解决问题，化专注为力量，长期只为将一件事做好，甚至只是拧好一颗螺丝。

显然，华为需要这样的技师。事实上，华为一直在做技师（或者工匠）的培养工作。

20世纪90年代末，华为招聘生产线的员工，要求聘用的员工必须具备中专或大专学历。这些人虽然刚开始像一张白纸，但进入华为制造后，他们很快就在华为文化的熏陶下迅速成长。在生产线上，他们兢兢业业，不少人的工龄都长达15年、20年。

以正式员工身份进华为的这批员工十分认同华为的价值观，一步一个脚印地做好自己的工作。进入华为制造不久后，他们便跟着华为学习精益生产，因此，他们大多练就了一技之长。有的人测试十分精准，有的人焊接十分厉害，有的人组装技术十分娴熟。任正非曾经笑谈，华为也有8级工（高水平技工），8级工指的就是这些工匠。

如今，随着"蓝领"人才的短缺，已经很少能在社会上找到8级工了。但是在华为，各类技师和工匠所组成的群体十分庞大，他们通过实践积累技术，不断学习获取业界的先进知识，结合华为产品实践练就了一身本领。

他们并不是面面俱到，什么都精通。相反，他们做到了"专而精"，在制造的某个细分领域甚至某个点上所展现出来的能力甚至不亚于不少所谓的高级工程师，特别是动手解决实际问题的能力。

任正非曾在文章中写道："华为也有工匠精神，从年产几百万元，到年产4000亿元，我们是怎么过来的，多少辛酸泪；我们要重视技师文化的建设，给技师合理的报酬和激励，文员、支付系统的员工……都是特殊的技师，我们都要关怀。"

为了培养更多这样的技师，华为早在2000年年初就重金聘请在丰田做出过贡献的精益生产专家，包括丰田精益生产创始人大野耐一的嫡传弟子增冈范夫到华为辅导精益生产。增冈范夫曾使丰田生产系统焕发出崭新的生命力。日本精益导师教给华为的是"现场现物"，并推动华为打开精益改善之门。

2006年3月，华为制造部成立生产系统改善团队。生产系统改善团队由少量制造经验丰富的专家组成，承担制造领域的改善活动。精益生产在华为不断开花结果，生产系统改善团队硕果累累，并推动各部门设置改善团队，各车间设置改善专员，由此形成华为独具特色的改善制度。

华为提倡的技师文化，鼓励生产线员工多想、多试，坚持大志小行，"从大处着眼，从小处着手"改进生产流程。技师文化已在华为工厂生根发芽，对于生产线的工人来说，华为鼓励他们成为现场改进的技师。

对于优秀的华为制造员工，任正非将其命名为制造技师，并且还给这些员工打通了晋升路径，他们可以晋升至18级，最高甚至可以到21级（18～21级相当于华为中高层管理者的职级）。这一规定代表了华为对他们的尊重和认可，并给予了他们相应的回报。

除此之外，华为内部还会创造性地组织各种员工技能大比武、员工技能发表大会，包含每年一度的叉车比赛。如今，不少员工的各种专业技能已经达到了国家高级技工的水平，他们代表华为参加深圳技师比赛并获得了非常优秀的名次。

为系统性培养制造技术人才，华为建立了培训部门，专门培养优秀的技师，实行"训战结合，以训为主，以训促战"的策略。技师培训课程、技能比武、技能发表大赛，使得整个华为的优秀技师如雨后春笋般涌现，让华为的技师文化进一步得到升华。

华为技师队伍的培养并非一帆风顺，也经历了路径从模糊到清晰的过程。虽然华为一直在做技师的培养工作，内部评选出来的技师越来越多，但是从客户的角度来看，华为的技师在一段时间内却越来越少。

举例而言，一线技师踏踏实实做网络巡检整改等预防工作，十分害怕出现网络事故。一旦有事故发生，华为的固定打法就是建立项目组，采集数据，组织技师攻关。但站在客户的角度上看，出现事故后，他们的期望是能立即恢复业务，将最终用户的负向感知降到最低。然而，华为的技师却往往拿出一个大而全的方案。可以这样说，客户只想要一条过河的船，而华为设计出来的却是航空母舰。

后来，华为才意识到，技师称号不等同于任职资格，评选技师要看他的实战经验和客户评价。客户需要的是能帮助其解决疑难杂症的技师，而不是通过了内部考试、答辩的技师。

真正的技师具有工匠的专注。他们能不断优化方案，沉浸在客户满意的愉悦中。当事故来临时，他们可以将各模块连接起来，迅速进行问题定位。

所以，华为开始将技师放到一线现场和客户对标。客户需要有何种能力的技师，华为就补足何种能力。与此同时，华为在内部主动创建针对客户的学习型组织，树立人人争当解决客户问题技师的价值导向。

与此同时，华为善于使用工具将技师"武装"起来。从早期的使用各种生产加工和测试工具，到后来使用AI（即人工智能）来辅助技师干活，进而提升操作效率。

技师深刻了解客户需求后，反馈给 AI，系统迅速根据数据分析给出适合客户的定制方案。这种善用工具的技师文化，一改之前反复在一线反馈需求的情况，及时处理了客户需求，真正做到了让客户满意。

华为的技师是如何解决疑难杂症的？我们可以通过一个案例来感受。

2013 年，华为从部分客户那里收到了一个坏消息——国外市场一款定制手机用半年后就会黑屏，继而开不了机。听说这个消息后，华为迅速将故障机紧急运回国内，拆机后发现电源芯片已被烧坏。

这款芯片由一家著名的供应商提供，华为将电源芯片寄给供应商，希望对方能找出电源芯片被烧坏的原因。但令人失望的是，这家供应商也无法给出准确解释。其他品牌使用该电源芯片的手机也都或多或少存在类似问题，但也没有找到合适的解决办法。于是，电源芯片被烧的问题只能暂时被搁置。

在供应商都找不出故障原因时，华为决定自己去寻找答案，帮助客户解决问题。华为迅速成立攻关小组，技师决定将电源芯片一层层剖开，再逐层进行分析。这样的工作持续了近大半年，技师检查了几十块电源芯片，终于有一天，技师发现电源芯片上存在一个肉眼几乎无法看到的小孔。

原来，电流击穿了衬底层，产生了小孔，才导致电源芯片短路。

要想解决这个问题，必须提升电源芯片的抗电应力能力。以华为的技师水平来看，解决起来并不算难。自此，华为手机就再也没有被电源芯片烧毁的问题困扰过。

华为始终认为，做一款手机，并不仅仅是将从供应商那里买到的各种器件集成起来，而是要深入了解产品的方方面面，掌控看似微小却可能产生重大影响的细节，这样才能做好产品。

华为要做好产品，首先要以研发设计的实力来保障，但是没有制造技术的实现，也只能是心有余而力不足。而制造技术的实现，技师在操作层面的落地非常关键。华为坚信，罗马不是一日建成的，质量不是一蹴而就的，只有始终坚持技师文化，打造过硬的专业实力，才能为客户带去更好的手机。

华为制造的匠人、匠心

日本神户有个名叫冈野信雄的工匠，30多年来，他孜孜不倦地只做一件事——旧书修复。

在他人看来，修复旧书是件枯燥无味的事情，但冈野信雄对此乐此不疲，并将这份工作做到了极致——任何破烂不堪、污损严重的旧书，只要经过他的修复，都能像被施了魔法般，光复如新。

事实上，在日本，冈野信雄这样的工匠数不胜数，例如铁器、蓝染、竹艺等行业，都存在一批对自身工作有着极致追求的匠人。他们虽然对自己的手艺充满骄傲甚至自负，对细节要求苛刻，但是对待工作，他们始终不厌其烦并且追求尽善尽美。在他们看来，使品质不好的产品在市场上流通是一种"耻辱"。

这种态度，正是当今应当推崇的工匠精神。

所谓工匠精神，是指不仅仅将工作当作赚钱的工具，而是树立一种对工作执着、对所做的事情和生产的产品精雕细琢、精益求精的精神。

日本的工匠精神，曾对华为员工产生过"刻骨铭心"的影响。

2016年12月，86岁的"煮饭仙人"村岛孟空降深圳，来到华为基地潘多拉厨房做客，为华为员工煮米饭。

听闻此事的华为员工纷纷来到现场，只为一睹村岛孟先生煮饭的过程。村岛孟正式煮饭时，周围人十分安静，生怕错过任何一个细节。

光煮饭的器具，就令人眼花缭乱。村岛孟煮一次饭，至少要用到两个计时器和各种称量工具。这些器具都是村岛孟专门从日本带来的，这种把一件小事做到极致的工匠精神的前提是严谨认真的态度。

通过观察村岛孟煮饭，不少员工发现其煮饭流程可以总结为两个方面：原料讲究"人、米、水"，技法讲究"淘、煮、蒸"。

要煮饭，首先是选米，通过抚摸大米，村岛孟能感受到大米的品质，好米有着丝柔细滑的质感，普通大米则是硬而扎手的。其次是量米，村岛孟将米放进容积为一升的木盒中，放满后用木棍将米反复擀平，对测量的精准度要求十分严格。

然后是淘米，每一遍淘米，村岛孟都会将水倒入木桶后又迅速倒掉，并迅速用手转圈搓米，用指尖的力道让每粒米相互碰撞，让米吸收水分。再次是注水，水是煮饭的灵魂，在日本，村岛孟会将煮饭用的自来水放入装有优质白炭的大瓦罐中静置一晚。在现场，村岛孟只能用矿泉水。注水后便是煮饭，煮饭的火候很讲究，根据村岛孟的经验，先用小火煮 10 分钟，再用大火煮 10 分钟，米饭的口感会更好。冒气后，每隔数十秒就要转动锅盖和饭锅，防止饭汁沸溢、米饭结块。最后一步便是蒸饭，用微火蒸饭 20 分钟，直到白色热气冒出、计时器到点，便马上关火。关火后利用灶台余温焖 10 分钟，"煮饭仙人"的饭便煮好了。

现场吃到村岛孟亲手煮的米饭的华为员工都说这是自己吃到过的最耐嚼、最好吃的米饭。

50 多年只专心做一件事情，这是村岛孟对于一碗米饭的坚持，也是村岛孟的匠心。这样小小的一碗米饭，带给了华为人感动。

关于华为的工匠精神，任正非曾谈道："华为没有那么伟大，华为的成功也没有什么秘密，华为就像阿甘，一个字，'傻'。不管成与败，只管脚踏实地地向前冲。""我们要向日本、德国、瑞士学习，发挥工匠精神，踏踏实实地做东西。"

在不少人眼中，工匠是一种机械重复的工作者。事实上，工匠意义深远，代表了一个时代的气质，与踏实、精益求精、坚定相关联。

华为的工匠精神直接体现在制造工艺上。

智能手机兴起以来，追求极致体验成为市场潮流。手机的屏占比要求越来越高，华为的工业设计团队为追求极致的手机外观，将边框宽度从 1.5 毫米缩减到不超过 0.4 毫米。

0.4 毫米大约是 4 根头发丝粗。要追求这个宽度，如同在头发丝上跳舞，这对手机显示屏与结构件的粘接工艺要求很高，如何让它们牢牢相连成为挡在新产品导入工程师面前的拦路虎。

与此同时，在手机窄边方案全面推进的过程中，华为发现由于使用了胶水，整个生产周期增加了 24 小时。点胶完成后，产品还须保压 2 小时，保压后还要放22 小时才能进行整机的组装工作。这意味着，原本 3 天就可以完成整机出货的产品，现在要多花一天时间。

对华为制造而言，时间就是生命，这多出来的一天时间，无形中增加了物料的库存时间、库房的存储压力，增加了产品的整体成本。

针对这种情况，华为高层领导提出将整体时间压缩一半的目标："这个改善，可以有效地压缩产品的交付周期，提升竞争力，而且可以降低夹具设备的成本，我们必须实现。"华为认为，工艺必须精益求精。

为解决这个大难题，研发和新产品导入团队反复研讨各种可能性，识别出其中最大的问题就是显示屏与结构件分离的问题，症结就在结构件边缘设计和点胶工艺上。

因为点胶的宽度只有 0.4 毫米，要在这个宽度上施展工艺，如同让飞机在狭窄的山路上起飞，如果弯道过多则不能起飞，要想顺利起飞，必须将山道"磨平拉直"。于是，大家在实验室里苦苦煎熬了 4 个月，没日没夜地进行分离试验和残胶分析试验。

经过对不同材质结构件、不同湿度环境和产品组合的分析，团队识别出了 30 多种方案，并对各种方案进行反复验证，终于找到了耗时最短的点胶工艺方案。点胶工艺的进展使得显示屏和结构件粘接的难题得到解决。也正是此项工艺的改进，使得华为终端的点胶工艺从此成为业界标杆，而华为高端手机的超窄边框也成了新卖点。

从 1.5 毫米到 0.4 毫米，其实留给制造工程师们的"舞台"并不大，但正是凭借着精益求精的工匠精神，他们才敢于在"头发丝"上跳出优美的舞蹈，打造出匠心产品，从而赢得了广大消费者的芳心。

第 **12** 章

质量，企业的自尊心和生命线

华为对质量的坚守最好的体现莫过于 2015 年的那次砸手机事件。

彼时，华为终端还在为生存而战，余承东带领终端实施的转型还未成功，华为处于"内忧外患"之中。其间，一批华为手机在运输过程中遭遇了一起翻车事故。

这批华为手机在运输途中突然遭遇货柜车轮胎起火，受到了高温烘烤。事后经过检测，98% 以上的手机外观毫发无损。

事故发生后，当所有人都以为华为会将这些手机回收处理，降低损失成本时，华为高层的决定却是——砸了！

该决定公布后，在公司内外都引起了不少争议。有人说这些手机看起来都是好好的，砸了多可惜；有人说华为终端如今根基不稳，砸了这批手机会带来巨大的损失，对终端的发展产生影响；有人说砸了手机后要重新生产，客户那边的交付没法保障……

面对种种质疑，华为高层力排众议，强调华为对质量的控制一如既往，不允许任何有质量风险的手机流入客户手中，这批手机，必须砸！

这个当时被不少人认为是"败家"的砸手机事件，如今看来，却是砸出了华为员工"零缺陷"的质量意识。

著名经济学家艾丰曾说："企业不是等做大了以后再搞品牌战略，而是应该用品牌战略把企业做大。"

高质量，是一个世界级品牌所必须具备的基础条件。从砸手机事件中可以看出，华为创世界级品牌的决心有多大。

这一"砸"，不仅使华为在一年后毫无悬念地荣膺了"中国质量奖"，更重要的是，将"零缺陷"的质量意识砸进了华为成长的基因中。

以质取胜，做 ICT 行业高质量的代名词

华为历来高度重视质量，明确了质量优先的战略，提出了"让华为成为 ICT 行业高质量的代名词"的目标。

华为质量的发展其实也是不断迭代的过程。1996 年，华为基本法的制定就针对质量做了专题讨论，并形成了一个理念——质量是华为的自尊心。

不久之后，华为内部进一步提出，质量不仅是华为的自尊心，也是华为的生命线，质量享有最高的优先级。这意味着质量事关华为的生死存亡，质量一旦出了问题，有可能就是毁灭性的事件。

新理念的提出，标志着华为的质量管理进入成熟阶段，后来华为也一直坚守这个理念。

需要特别指出的是，2000 年以后，华为进一步地从小质量阶段进入大质量阶段。小质量侧重于质量控制，以质量检验为主。大质量是指全面质量管理，以预防为主，实行全员全流程控制。同时，华为从实践的角度扩大了质量管理的范畴，将研发质量、测试质量与生产质量一并纳入大质量管理范畴，形成全员质量管理的氛围。

华为的大质量理念认为，质量不是检验出来的，而是制造出来的。这句话不断被更多的环节认可并形成了共识。在生产线上，华为员工一致认为，下一道工序是上一道工序的客户，必须践行"三不"理念，即不接受不良、不制造不良以及不转移不良。华为的大质量理念逐渐沉淀为各个职能部门操作的行为准则和流程规范。即便华为后来进入 To C 领域，华为手机也一直以高质量著称。

经过持续迭代的质量管理，华为形成了独特的质量管理体系，并且对外发布了华为质量管理手册，其中包含愿景、使命、战略、方针、目标、体系架构等内容。

2015 年，华为明确指出："公司一切工作，要以质量为先，研发、采购、制造、供应、交付……都要以质量为先。华为对客户负责，首先要考虑质量；与供应商共享，首先也要考虑质量。所有的采购战略中，质量是第一位的，不管是技术评分，还是商务权重等，都要以质量为中心。没有质量，就没有谈下去的可能性。"

质量零缺陷，一次就把事情做对

在笔者的印象中，华为真正将质量作为核心战略源于 2000 年的一次质量大会。

2000 年 9 月 1 日下午，华为公司党委组织的"研发体系发放呆死料、机票活动暨反思交流大会"隆重召开，公司党委及各大部门党总支领导、公司领导、研发体系全体在深人员和其他部门科级以上干部共 6000 余人参加了大会。

在此之前，华为还处于发展的初级阶段，明确了"以客户为中心"的价值观，但还未意识到质量管理对于践行该价值观的意义。

自 2000 年起，华为便走上了快速发展的道路，踏上了全球化的征程。那时的华为，就像是被通信行业的车轮带动着快速前进的乘客。然而，快速发展也给华为带来了不少弊端。不少员工都忙着抢市场，尽可能多地获取订单，而忽略了对产品质量的重视，客户的抱怨声越来越大。

以客户为中心的员工，倒是毫不吝啬时间成本，一趟趟地飞到客户身边，只为将有质量问题的产品带回来，通过售后服务的方式弥补产品质量问题。

"以客户为中心"是华为的核心价值观，但是产品质量存在问题，客户的订单越多，产生的抱怨也就越多。

为解决质量问题造成的死循环，任正非做出了一个"大胆"的决定，将一趟趟来回飞的机票以及从客户那里带回来的有质量问题的产品装裱在相框里，并将其当作大会的"奖品"。

大会上，一个个相框时时刻刻刺激着每一位华为人。

可以说，这次大会的召开成了华为将质量定为核心战略的一个起点。之后华为质量管理体系的建设则是一个更漫长、曲折的过程，其中最具代表性的建设便是零缺陷的质量管理。

对于华为而言，零缺陷这个概念意味着产品质量要完完全全地符合要求，而不是浪费时间计算瑕疵可能产生的危害是否能容忍。质量零缺陷的核心就在于能"第一次就把事情做对"，并且是在所有环节上第一次就把事情做对。

要想做到质量零缺陷，华为认为，对内，在企业层面要有明确的目标指引，在管理层面要有明确的责任，在员工层面要有全体参与的意愿与能力。

在企业层面，每年华为轮值 CEO 都设定相应的质量目标，进行目标牵引。在设定质量目标的过程中，轮值 CEO 坚持的原则是，如果质量还未做到业内最好，那么就将目标设为业内最好；如果质量已经达到业内顶尖水平，那么每年还需要以不低于 20% 的速度进行改善。例如，2001 年华为就曾邀请乔治·盖洛普①对华为产品的质量进行打分。这个分数会成为华为第二年设定质量目标的基数。

关于管理层，华为每年都会对管理者进行质量排名，排名靠后者会被问责。这一每年都坚定执行的规划督促着后进的管理者，倒逼每位管理者都尽最大力量向前迈进，从而起到真正的引领作用。

除此之外，华为强调全员参与质量管理。要想实现全员参与，需要解决两个问题：一个是意愿，另一个是能力。在意愿问题上，华为将质量设定为重要的考核项目，并对在质量方面表现突出的员工实施奖励。在能力问题上，华为引进先进的管理方式，组织员工进行培训，让全体员工掌握高质量的工具和方法，确保每位员工有能力参与质量管理。

对外，华为首先会选择战略目标一致的供应商，制定严格的供应商管理体系，并重点对供应商的交付和质量表现进行考核、评价和改善。

其次是优质优价，华为不以价格为唯一的竞争条件，近年来逐渐加大质量和交付的比重，对每位供应商都有相应的评价体系（含有全过程的评价）。评价得出的分数将决定供应商是否能在下一次招标中入围。评价体系分为 A、B、C、D 4 档，如果供应商的评分在 D 档，那么将会被直接清除出供应商的资源池，不被考虑。

最后是质量管理的投资。华为会在整个生产线上设立自动化的质量拦截（5层防护网），其中包括元器件规格认证、原材料分析、单件测试、组件测试、整机测试。这 5 层防护网组成了生产线上环环相扣的严密防护体系，对生产线上的异常一层一层地进行拦截。如此一来，即便供应商的器件出现问题，华为也能及时发现并成功拦截。

---

① 乔治·盖洛普是美国数学家，抽样调查方法的创始人、民意调查的组织者，他几乎是民意调查活动的代名词。

细节决定成败

任正非说："我们对待产品要像对待自己的儿子一样，把握产品生产的每一个细微环节，把好每一道关，绝不允许任何一个环节出现差错或失误。"

就像任正非说的那样，华为的胜利并没有什么秘密，靠的就是对产品质量的严格把控，精益求精地完成每一项工作。

举例而言，2012 年，随着欧盟环保要求的发布，制造领域对无铅器件的应用越来越广泛。并存的无铅器件与有铅器件给制造维修带来了前所未有的挑战。

同年 11 月，泛网络在进行多模多载拉远单元模块老化前测试时，发现告警。打开模块后，芯片从单板上脱落。经过反查，同一任务令中竟然查出了 20 片不良，不良率高达 10%。这到底是偶发事件，还是共性问题？

华为的维修工艺专家反复研究后得出最终结论——在单板返修过程中，相邻芯片焊点出现重熔，导致开焊。

要想解决该问题，重点是找到隔热或快速降温的技术。华为技师查阅了大量文献，尝试使用各种隔热方法，都无法达到理想效果。

后来的一次偶然机会，华为技师从计算机维修中得到了启发。计算机维修人员通过在中央处理器下方涂刷一层新的导热硅脂就解决了主板发烫的问题。于是，华为技师结合蒸发散热的原理，设计出了一款适合华为所有产品的芯片散热块，通过加装吸水海绵达到了降温效果。

这一方案出台后便遭到了华为内部不少人的质疑：水蒸气挥发时，会不会将人烫伤？水珠滴落在单板上时，会不会导致芯片受潮分层？……

面对这些质疑，华为技师最终决定用 5 块单板进行小批量的测试。

程序按钮按下后，所有人都屏住了呼吸。不一会儿，水蒸气就越冒越多，最后形成小白雾，来不及停留在单板上便消失得无影无踪。到达最高温度时，设备便伸出吸杆，将芯片从单板上干脆利落地分离。程序运行完毕后，负责质量检查的员工拿着放大镜将单板仔仔细细地检查了一遍，确认无误后便告知在场所有人："芯片焊盘完好无损，单板上没有任何水迹。"

虽然故障板的修复方案已经确定了，但是在具体实施过程中，华为还需要协调维修技能熟练的操作员，这在一定程度上增加了修复的压力与成本。

能不能实现"全自动化维修"呢？

带着这个疑问，有人提出了打造样板间的想法。虽然这听起来有些"痴人说梦"，但华为还是抓住了一切与业界交流学习的机会，成功吸引了几家供应商共同探讨样板间的方案。

要想实现自动化维修，首先必须要将拆焊设备的离线作业更改为在线作业。对此，有人提议采用上板机自动进板的方法让拆焊设备实现"左进右出"。那么，如何才能从"人机结合定位"过渡到"设备自动定位"呢？为了解决设备走位精度的细节问题，技师更换了马达，让控制精度更高的伺服马达替代了步进马达。

当所有人都为即将到来的成功感到欣喜时，接下来遇到的细节难题又让大家犯了难——由于没有成熟的单板焊盘清理的技术方案可以借鉴，华为需要自主设计。

没有任何可以借鉴的经验，华为的工程师和技术人员一步一个脚印，从最基础的工作做起，逐渐找到符合自身特点的维修方法，最终历经一年时间的攻关，总算在 2017 年 2 月初步完成了自动化维修样板间的搭建。

在试跑过程中，样板间又接二连三地出现了问题。好在技师检查后，找出了问题的症结——设备软件与杀毒软件不兼容，导致感应器接线松脱。解决了该问题后，样板间才成功通过了各项功能测试。

通过测试的样板间，在进行小批量生产后，维修质量比手工维修提升了 5 个百分点，芯片维修的效率提升了 5 倍，而这一次的成功也让华为在质量管理上迈出了"全自动化维修"的第一步。

优秀的质量文化总是充满了春风拂面般可以让人感受到的细节。客户也往往会根据"如鲠在喉"或"如沐春风"的细节体验来评价企业的工作作风细不细、质量管理严不严。

没有质量的交付是一场空，没有交付的质量毫无意义

"没有质量的交付是一场空，没有交付的质量毫无意义"。这句口号对于不少企业而言，已经不再陌生。能提出这句口号其实十分不容易，一定是对交付、质量，以及交付和质量的关系有深刻理解的企业，才能得出这种真知灼见。

华为是国内较早提出这句口号的企业，并且郑重其事地把它写到了墙壁上。实际上，在华为内部，这句口号早已成为员工的口头禅，深入人心。华为为什么会提出这样一句口号呢？

事实上，从字面意思上看，不少人认为这句口号存在矛盾之处。

"没有交付的质量毫无意义"是什么意思呢？举例而言，不少人认为要想管好质量，交付就会很难做好。这是因为，将质量管控得严，供应商的物料要么卡在供应商的出口，要么卡在华为仓库或产线入口。因此，制造领域便形成了刻板印象——因为质量管得严，所以交付难以做好。

那么，"没有质量的交付是一场空"又具有怎样的含义？质量是企业的生命，直接影响企业的竞争力和信誉。如果企业只保证按时交付，而不保证质量，将引发客户投诉，只能在售后服务上对客户进行弥补。如此一来，企业不仅提升了成本，也失去了客户的信任，可谓"竹篮打水一场空"。

对于这两种情况，不少企业都觉得十分纠结，并在纠结之下做出了无奈的妥协。

在制造领域，MQE（Material Quality Engineer，材料质量工程师）或者 SQE（Supplier Quality Engineer，供应商质量工程师）负责物料的放行，PQE（Product Quality Engineer，产品质量工程师）或者 OQC（Outgoing Quality Control，出货品质检验）负责成品的放行。无论是哪一环节，只要放行了不合格的物料或成品，都会被当作质量部门的责任。俗话说，"常在河边走，哪有不湿鞋。"这种没有原则、没有规则的事，一旦干得多了，早晚会出现问题。

事实上，因为质量管控不严，华为也吃过一些亏。之后华为痛定思痛，将质量、交付等部门聚集在一起，大家经过思考和实践得出一个结论——将质量管好，

反而更有利于交付。

没有质量的交付是一场空

在哲学上，德国人曾这样谈论"质量"问题："没有质量的数量毫无意义，唯有以质量为基础的数量才能构成真正意义上的数量。"因此，德国人在制造领域中奉行的原则就是："要么最好，要么没有。"

从生产理论的角度来看，德国人认为，靠检查来提升产品的质量其实并不是最好的途径，这是因为检查本身并不会改变产品质量。产品质量的关键取决于制造工艺和设计水平。

对此，华为有十分深刻的感触。以消费者业务为例，华为如果管理不好手机质量，那么品牌的核心竞争力必然无法提升。早期，华为以性价比取胜，进入智能时代后，华为发现，仅靠性价比是远远不够的。于是，华为提出了"优质优价"的概念。这一举动表明华为看到了质量对于交付的重要性，并且决心管理好质量。

有因必有果，重视质量管理后，华为产品的质量提升了，退货量明显减少。客户也不必为退货沟通、换货等待、新机是否有质量问题而担心。客户拥有更好的体验后，品牌口碑自然也有所提升。

与此同时，工厂用于退货返工的产能有所减少，客服人员也不用再扩招，对应的物流成本、库存成本都大大降低了。

例如，曾经有位客户在网上展示了自己的华为Mate系列产品，表示该产品用了多年后不仅没有故障，流畅度丝毫不减当年，从而为华为品牌带来了很好的口碑传播效应。

再比如，华为曾有5家合作方负责手机深度维修，华为产品质量提升后，手机出货量翻了数倍，返修合作方最后反而减少到只有1家。该合作方还"抱怨"返修业务量不饱满。如此种种，皆间接说明了华为产品的质量在不断进步。

产品质量提升后，交付变得更为顺畅。反之，质量不好，先把货发到客户手上，客户退货并产生抱怨，由此产生的问题其实是无穷无尽的。华为已经深刻认识到其中的因果、利害关系，并认为交付和质量之间应该有一个平衡点，而且应该将这个平衡点多往质量上挪一挪，将质量做得更好一些，使交付也更顺畅一些。基于这些认知，华为提出了没有质量的交付是一场空的口号。

没有交付的质量毫无意义

重新认识了质量后，又容易过犹不及。

华为曾经有一款新手机采用了全新工艺。如果按照研发部门原来制定的质量标准进行制造，那么华为在接了订单后，会因为质量要求严格而生产不出合格的产品。于是，终端的交付周期拉得越来越长，客户也在不停催单。

那一次，销售部门和质量部门之间产生了激烈的碰撞。

冲突愈演愈烈，最后竟然演变到要由公司高层决策。高层领导着手解决此事时，开始思考另外一个问题：没有交付的质量会是什么结果？如果产品质量特别好，但是产品交不出去，也会是个大问题。

基于此，华为提出了另一句口号："质量应当指导交付。"

要想将质量管理得更好，质量部门要为制造部门提供方法、工具。于是，"产业链质量"的说法在华为内部应运而生。

产业链质量强调从产业链的角度来看待质量与交付的问题。制造部门要做好前置管理，将质量要求前移到供应商端，而不只是在末端起到"卡料"的作用。对于不良物料，制造部门不仅要敢于说"NO"，更要提供保证"YES"的方法、路径，最终使质量和交付都达到目标，形成相互支撑的良性互动。

那么，华为具体是怎么做的呢？

比如，MQE、PQE一改之前"站在对立面"的做法，深入业务中，参加交付策划、重点交付问题攻关等方面的讨论会，形成团队的力量，相互支持。在这个过程中，质量部门会清楚地告知交付部门，哪些是要守住的"底线"，哪些是要进一步优化的地方。

又比如，质量部门采取了分级管理，即针对不同国家（地区）、不同市场定位制定不同的产品质量标准。

对于高端手机，华为的质量要求相对更严。在工序里，华为会嵌入更多的质量要求（增加检查工序、检查要求更严格等），如华为 P 系列、Mate 系列、保时捷系列等，华为对这些高端机型的要求，不再是简单的性价比了，而是优质优价——质量带来溢价。只有凝结产品设计、供应链管理、制造管理、质量管理等诸多业务价值，才能实现优质优价。优质优价的本质是通过能力外溢来满足客户需求。

经过若干年的探索，华为逐渐明白了质量和交付之间的辩证关系——没有交付的质量毫无意义，没有质量的交付是一场空。通过平衡两者之间的关系，华为在保证产品质量的前提下，顺利完成交付，做到了真正的保质保量。

前置管理，既是意识，也是有效方法

春秋战国时期的名医扁鹊曾被魏文王召见，魏文王问扁鹊："你们家兄弟三人都精于医术，到底哪一位的医术最好呢？"

扁鹊回答："长兄最好，中兄次之，我最差。"

魏文王再问："那为什么你最出名呢？"

扁鹊说："长兄治病，是治病于病情发作之前。由于一般人不知道他事先能铲除病因，所以他的名声无法传出去，只有我们家的人才知道。中兄治病，是治病于病情初起之时。一般人以为他只能治轻微的小病，所以他的名声只及于本乡里。而我治病，是治病于病情严重之时。一般人都看到我在经脉上穿针管来放血、在皮肤上敷药等，所以以为我的医术高明，我的名声因此响遍全国。"

从实际的医术来看，大哥之所以能力最强，是因为他做到了事前控制，并从整体来进行治疗。事后控制不如事中控制，事中控制不如事前控制，这对于企业的供应链管理来说，同样适用。不少企业管理者均未认识到这一点，等到错误的决策造成了重大的损失才寻求弥补措施，为时已晚。

任正非曾说："唯有惶者，方能生存。"在不确定的时代，华为供应链为做到防患于未然，用流程和管理的确定性来应对环境的不确定性。正是通过前置管理，把可能发生的、对企业不利的因素提前消灭，才有了现在的成就。

什么是前置管理？前置管理又称"前移管理"或"提前介入"。对于华为供应链来说,这是一种后端环节提前介入前端环节并且二者互相协同的良性管理方式,这种管理方式是动态的、主动的、协同的。

在质量领域,前置管理是非常好的意识。华为不仅把它当作一种管理意识,并且进一步地深入探索,结合业务场景与应用,形成了一套行之有效的方法。

质量管理前置到设计环节

业界有一种说法,产品的设计决定了80%左右的产品的结构、制造工艺、物料选型。产品的主要参数在前端的设计环节就已基本确定,后端需要坚定不移地根据设计环节确定的参数把产品做出来。

在这种情况下,一旦前端设计得不好,便会引发诸多不良。比如设计时没有考虑后端制造,制造过程中就可能出现质量难以控制、投入昂贵设备、增加检验成本、不合格率上升、返工成本增加等各类问题。

举个例子,华为P6的厚度为0.618厘米,电池设计得很薄。在生产过程中,由于电池太薄,屡次发生被刺破的情况。卡托因空间有限,直到量产之前还在反复修改。

事实上,如果当时的设计环节考虑了后端批量生产的问题,那么质量将会得到控制,量产也会十分顺利。这一事件导致华为在后来的P系列和Mate系列手机的生产中,在设计环节就嵌入了质量管理。由于在前端就有效控制了质量,P系列和Mate系列手机的生产与交付十分顺利,过硬的产品质量也受到了广大客户的青睐。

那么,怎样才能将质量管理前置到设计环节呢?说到这里,不得不提到华为设置的NPI岗位。

在华为,NPI是连接设计部门和制造部门的中间环节,这意味着设计部门设计的所有产品都需要通过NPI环节的验证才能进入制造环节的量产阶段。NPI主导了产品从试制到量产阶段的提前验证,是保证产品高质量顺利交付的重要环节。

2012年,华为打开了韩国无线市场的大门,韩国运营商LG U+客户会在同年春节前后对华为的微基站产品进行两次厂验,作为准入认证。进入韩国高端市场是华为无线产品期待已久的机会。可以说，此役意义重大。

经过两个月的准备和演练后，华为员工满怀期待地迎接客户的检验。然而，客户到达的第一天，双方便有了理念冲突。

客户不按常理出牌，不按照华为的工作计划进行厂验，提出要提前检验高温老化。这一要求一下子让华为员工慌了神。

在通宵达旦紧急开工整改的同时，疑问也不断在华为内部发酵："又不是室内产品，检验高温老化干吗？"初次见面，不理解的种子便已埋下。

厂验好不容易开始了，对方拿着自带的检查工具十分细致地检查一个个印制电路板孔，并不时地提出相应问题。然而，MQE没有把握对方提出的问题的本质，反复强调这些问题不会影响产品的质量特性，还不忘声情并茂地讲述华为的质量标准与管理方法。

由于多次未就问题本质进行回答，对方感到十分恼怒，幸好随后MQE反应过来，及时调整讲解思路，才平复了客户的情绪。

在对方严格的检视下，越来越多的问题暴露出来，这让现场气氛变得越来越压抑。很显然，这是一次失败的厂验。

为"挽救"准入厂验，华为迅速成立快速响应功能组，对高温老化的问题进行深入研究。在松山湖现场，由于临时方案出不来，员工吵成一团。冷静后，NPI的员工提出了一个十分有建设性的意见——模拟用户服务环境，在高温房里老化。

这一意见的提出给在场所有人指明了方向。有了方向，接下来就是实践。按照变动的质量要求，NPI的员工需要经常出入50℃的温房调测。由于没有适合的人能够代劳，NPI的员工只能不分昼夜地坚守阵地，在"火层"与"地狱冰"间来回闯荡。

终于，在大家共同的努力下，一个个问题迎刃而解，客户也终于露出了满意的笑容，厂验总算通过了。

在这次厂验中，客户有着高标准的质量要求。而NPI的出现，则刚好推动了这次在前端的质量改进，使得华为产品在设计环节就能达到客户的高标准、严要求，最终实现了进军韩国市场的目标。

质量管理前置到供应商

华为通过历年来对质量管理的摸索发现：产品质量越到后端越难控制，越往前端反倒越好控制。

在具体实践中，华为首先是加强入口质量管理，强化 IQC 的职能，不让质量缺陷流入生产线，对后端制造形成冲击。后来，华为发现，这样做远远不够，发现问题时，物料早已到了入口。退回物料就算是供应商派人前来处理，都会耽误供应商生产线的质量改进。

于是，华为把质量管理前置到了供应商。

在具体实施过程中，华为将负责 IQC 的人员和检验设备前移到了供应商的工厂。

这种把 IQC 前置到供应商的出口的方法控制了不良品的出货。一旦发现不良品，供应商便会立即推动工厂端的制造部门采取措施，及时纠偏。如此一来，不仅减少了不良品及对应的报废和返工成本，也降低了华为 IQC 的质量管理成本，从全局来看，质量管理成本反倒更低。

除了将"人"和"器"前移，华为还将"术"前移，即质量管理标准前移。华为对质量管理标准进行梳理，将其内置到流程中，并打通与供应商衔接的流程，通过年度的质量审核促进质量改进。

华为借鉴现代质量管理代表人物朱兰的理论，创造性地制定了符合华为需求的《质量管理 31 要素》，具体如表 12-1 所示，从质量策划、质量控制、质量保证、质量改进 4 个方面制定了 31 个要素的详细要求，和供应商协同改进。

表 12-1　华为《质量管理 31 要素》

质量管理四阶段	具体要素
质量策划	质量战略及规划；质量目标；质量组织 / 职责；质量 KPI 及考核；质量流程；质量 IT；标准（技术 / 质量管控 / 体系）；质量否决；质量培训；资源管理；知识管理；领导力及领导力作用

续表

质量管理四阶段	具体要素
质量控制	质控点设置、质量控制计划；智能质量控制及大数据质量预警；质量工程技术方法及数学模型；产品质量控制；来料质量控制；分层分级质量问题处理；TOP N（排名靠前、关键性）问题改善
质量保证	供应商质量保证；可靠性（可靠性技术及成熟度评估模型）；自动化（试验设备及夹具管理）；质量数据及追溯；质量回溯和根因分析；质量会议及报告体系；质量成本；QMS 审核
质量改进	持续改进（精益零缺陷管理、六西格玛管理、合理化建议）；流程遵从（三按两遵守）；质量激励（质量奖、品质系数、质量红线、质量负向行权）；技师文化、员工关系

在对供应商进行质量管理时，华为会定期到供应商工厂进行现场培训和检查指导。在某次现场考察中，华为工作人员围绕"三化一稳定、严进严出"和"质量前移破冰行动"的主题，召开培训会议，从主要工作内容、推行方式、质量闭环管理等方面展开专业分析。

会后，华为工作人员对供应商的样品间、生产车间、老化室、实验室等进行现场抽查，对存在的问题给出整改建议，要求供应商严格按照华为的要求进行质量把控，深入落实整改问题，为用户提供高品质、高标准的产品与服务。

除日常定期的质量前移管理外，华为从消费者那里获得关于质量问题的反馈后，会攻克质量技术难关，并将总结出来的质量技术标准提前告知供应商，赋能供应商。

后来，华为还设置了EMS驻场厂长岗位，驻场厂长长期驻厂管理质量。同时，华为还在物料供应商处安排了驻厂人员，在前端对质量进行管理，避免不良品流入华为生产线。

华为当时始终秉持"所有的来料都要是好料"这一原则，将大量的异常问题拦截在了前端，使得后面的制造更为顺畅。

第 5 部分

供创，走向创新之路

我们处在爆炸式创新的前夜。

——任正非

第 **13** 章

NPI，助推制造与研发融合

研发和制造之间似乎天然就有一道难以跨越的鸿沟。

站在研发部门的角度来看，他们考虑更多的是如何将客户的需求转化成一个有形产品。这种想法带有一定的试错性和不确定性。

然而，制造部门更多考量的却是如何用更低的成本和更高的效率制造出符合规定的产品。在这个过程中，研发与制造具有一致性，所有制造出来的产品必须符合规格要求，需要控制偏差与波动。

一个追求创新与变化，另一个追求稳定与完美，因此难免会出现矛盾。

不少企业研发出一款产品，其功能与性能很可能会受到消费者的喜爱，但是却难以制造出来，要么制造成本高，要么无法平衡一致性和效率之间的矛盾。

在某种程度上，研发人员不懂制造，制造人员也几乎不懂研发。研发人员开发出来的产品只能算是"样品"，要想将其变为企业创造价值的产品，还得打通最后一公里——跨越试制到量产的鸿沟。

为消除这个鸿沟，NPI 出现了。

NPI 即 New Product Introduction，意为新产品导入。新产品从一开始的立项可行性分析，直到正式量产，这一整个过程被称为 NPI 管理。

NPI 就像是研发和制造之间的桥梁。NPI 需要配合研发人员，将新产品的图样或理念变成性能可靠、制程成熟、能批量生产的产品。简言之，NPI 的意义在于将新产品的设计方案导入工厂，指导制造部门快速实现新产品的量产。

早期，国内的 NPI 并不是完整意义上的新产品导入，而是指跨国公司将量产的产品从国外的生产基地（如东南亚和欧美）转移到国内生产的过程。后来，随着国内供应链的逐渐完善与成熟，制造人员的能力和效率得到提升，这些跨国公司才慢慢将真正的新产品导入的工作放在国内完成。国内的企业也逐步采用 NPI 流程导入新产品。

新产品导入，不仅是产品，更是能力

在华为制造"铁三角"，有一个角色十分重要，这个角色就是 NPI。在"铁三角"中，NPI 负责新产品导入，工程师负责量产，他们共同解决生产过程中的技术难题。

2019 年，一纸禁令将华为列入"实体清单"，让华为正在生产的 P30 面临断供风险。在应对危机的过程中，NPI 将华为子公司海思半导体研发的麒麟 980 系统芯片运用到 P30 的生产中，规避了芯片断供风险。可以说，通过 NPI 的介入，华为供应链打了一场漂亮的反击战，顺利完成了 P30 的全球海量交付。

NPI 的起始，皆以客户为焦点。

客户想要的是什么？客户怎样才能花钱最少？怎样才能使客户获取产品的时间最短？客户使用产品后的反应是什么？如何才能快速、有效、低成本地实现新产品导入？这些问题是所有电子制造企业当前迫切需要解决的问题。

一个好的 NPI 团队不仅需要进行更准确的成本控制与预算，规避不良和资源浪费，实现更到位的风险预防，还需要有力协助上游的 DFM（Design for Manufacturing，面向制造的设计）发展，辅导下游掌握工艺能力和制造能力。可见，新产品导入，导入的不仅是产品，更是能力。

从中试到 NPI

2003 年 1 月，华为在深圳五洲宾馆隆重举行了"话八年风雨征程，奏今朝变革乐章"的盛大聚会。会议结束后，中试作为一个组织形式将不复存在，而是积极投入 IPD、ISC 变革洪流中，在 NPI 新的组织体系中进一步深入开展各项业务，保证产品质量，承担更大的责任，做出更大的贡献。

什么是中试？20 世纪 90 年代，整个业界还没有 NPI 这个词，企业也就更谈不上建立 NPI 专业能力。然而，那时华为有一个词和新产品导入意思接近，即"中试"。中试是产品正式投产前的试验，即中间阶段的试验，是产品在大规模量产前的较小规模试验。

当时，华为成立试制管理相关的工程部门——中试部门，该部门负责产品从研发到量产之前的反复测试，从而让产品达到最优的可量产状态。

中试成立伊始，正值万门机[①]推出之际。一方面，开发部面临着优化与稳定的双重任务，另一方面，市场也在"等米下锅"。面对竞争对手的咄咄逼人之势和巨大的市场潜力，华为在特定的历史时期创建了中间试验部，简称中试部门。

"解放开发，支援生产，支援生产"成了中试部门的最好写照。随着新机型的不断诞生，进行小批量生产，弥补试制与量产之间的空白，成为中试部门刻不容缓的任务。

经过多次与供应链的业务重整，中试部门的人员规模从最初的几十人扩展到2002年年底的1200余人。8年的卓越努力，让中试部门履行了"品质的堤坝""新产品的摇篮"的诺言，在品质验证、产品工程技术、制造技术等领域引入了DFT（Design for Testability，可测试性设计）、DFA（Design for Assembly，面向装配的设计）等工程设计方法论，并通过试点的具体实践建立了可测试性、可靠性、可生产性等一系列工程设计基线，为产品快速量产做出了不可磨灭的贡献。

华为中试的成功引得其他企业纷纷效仿。当其他企业还沉浸在中试带来的好处时，华为却迅速发现中试并不能完全覆盖所有测试，也不能完全检验华为所认为的从试制到量产所需的能力。

原来，中试中心一度规模较大，职责也越来越复杂。在产品正式上线之前，中试中心会对产品做一系列的验证。若通过验证，这些试制的产品就可以进入量产阶段。随着业务的发展，华为产品线越来越丰富。华为供应链成立以后，开始对各领域进行更为专业化的分工，要求研发与制造形成更好的协同。

于是，华为继续发展试制能力，将中试发展成NPI，并把早期成立的工程部门也独立出来。从职责方面来看，NPI负责的是量产，而工程部门只是量产环节的工程技术部门。

---

① 万门机是指可以支持接入1万部有线固定电话的交换机，可以扩展。

可以说,NPI 是中试的扩大版和升级版,意味着产品开发和实现流程走向更为成熟的阶段。

高含金量的战略岗位

在华为 NPI 的招聘简章中,我们可以看到其岗位要求较高。

除了学历要求,华为要求该岗位人才通过英语四六级考试,并且有 6 年以上的相关工作经验。

之所以要求如此之高,是因为 NPI 在华为是连接研发和制造的战略岗位,定位很高,通常由专家级别的技术人才担任。在华为,初级的工程师都不能做 NPI 的工作。必须是优秀的制造工程人才,或者是从研发调转的技术专家,才有机会从事 NPI 工作。可见,NPI 岗位的含金量很高。

NPI 是连接研发和制造的桥梁,要同时站在研发和制造两个角度思考问题,既要兼顾研发的利益,又要兼顾制造的利益。NPI 要负责终端新产品早期的设计评审工作,保障产品的可制造性。除此之外,NPI 还要负责终端产品制造解决方案的设计与落地,组织新产品设计验证及制造系统验证,确保产品快速成熟量产,同时参与终端产品生命周期管理活动,提供技术支持,改善质量与效率。

对华为而言,NPI 是产品从试制导入量产的关键一环。

2018 年 Mate 20 Pro 上市之前,全球手机行业的充电性能陷入了"冬眠期"。那时,有限充电一直无法打破 22.5 瓦的魔咒。

然而,华为通过调研发现,用户的充电时长以半小时和一个半小时居多,尤其是在半小时内充电已然成为用户的日常。因此,华为必须在新产品的电池设计上推着自己继续往前走。

为实现电池的创新,华为研发部门倒逼自己开发出了 40 瓦的充电头以及能保持 4200 毫安·时的电池容量。

大充电电流+高能量密度电池=高风险,NPI 很快在新产品循环试验阶段发现了这一问题。于是,NPI 给研发部门的反馈是电池测试不合格,存在安全风险。

听到这个消息,研发人员感到很失落,同时也感到很庆幸,幸亏 NPI 及时发现了质量隐患。对此，NPI 表示快充确实能极大提升用户的充电体验，但电池的质量也必须保障。面对这样的冲突与矛盾，研发人员在 NPI 的帮助下找到了另一个新的方向——做 40 ~ 22.5 瓦兼容的充电头，同时全力攻克 40 瓦的难关。

确定方向后，又一难题出现了——印制电路板空间不够。在寸土寸金的印制电路板上，给 40 瓦的电池留出 80 平方毫米的空间几乎是不可能完成的任务。

在 NPI 的帮助下，研发部门通过整体梳理架构，一毫米一毫米地抠，终于从各领域"化缘"找来了电池的空间。

在后续一个月的时间里，NPI 助力研发细化电池工作温度场景，优化了充电方案，啃下了电池安全这块硬骨头，最终将拥有 40 瓦超级快充这一电池卖点的手机实现了量产。

这一突破得到了广大用户的极大认可，越来越多的用户因为电池快充这一卖点购买华为手机。

从导入产品到导入能力

除了早期导入新产品的职责外，后来 NPI 还承担起了导入能力的职责。

随着规模的不断壮大，华为各个部门都以极快的速度发展，追赶世界一流水平，NPI 也不例外。

尤其是进入智能制造阶段以后，华为内部已经形成高度共识，不少人认为，NPI 不仅要导入产品，还要导入比产品更重要的东西——能力。这意味着，NPI 要将新产品整个研发阶段的经验、技术、工艺等包装成可快速复用的知识导入制造环节。

为什么要这么做？原因有以下 3 点。

首先，华为有 90% 的制造业务是外包的，将能力"封装"后导入 EMS 工厂，类似于"一键复制"，可以提升导入效率，大幅降低沟通成本。

其次，部分新产品甚至没有进入自制工厂打磨就直接被导入 EMS 工厂，这个过程中就会产生一个问题，虽然 EMS 工厂也可以做前置管理，但前置管理的时效性、保密性、过程监控、职责及责任界面划分等方面还是有诸多不便。如果能把能力包装起来，导入 EMS 工厂，对双方都会产生积极的影响。

最后，NPI 导入能力也是应对产品及工艺迭代的一种需要，尤其是一些新工艺的使用可能会导致制造模式发生转变。以高端手机为例，其制程通常会有一些跨越式创新，会发生很多变化。如果不导入能力，产线不具备相应的生产能力，产品就无法制造出来。

为确保新产品以及能力的成功导入，NPI 须按照工厂的设计与制造工艺流程，用恰当的管控方法努力解决试制中的材料、设计与制程等问题，并在质量、研发、制造等部门的配合下，努力在保证效率与质量的前提下，使新产品以最低成本、在最短时间内进行量产，实现快速爬坡。

以伟创力为例，伟创力曾在早期设计了一款产品，该产品的设计架构是华为率先引入的"汉堡包"模式（又称"夹层"模式），即经典的 3 层设计。

当时，伟创力遇到了一个难题，那就是在生产现场没有任何做"汉堡包"模式的经验。为了突破从试制到量产的瓶颈，伟创力联合华为，让 NPI 提前介入华为研发环节，对"汉堡包"模式进行全方位的了解。

在后来的产线设置中，伟创力提前与华为进行相关匹配，根据 IPD 流程的要求，从试制新产品到验证通过新产品，再到新产品发布，每一步都严格按照流程计划来执行。

在新产品从试制到量产的过程中，NPI 在伟创力蹲点驻厂，全面主导新产品的制造工艺和流程的导入。当工厂工人进行试制时，NPI 会验证新产品的功能、设计和工艺，发现并搜集各种问题（测试问题、生产问题、设备问题、物料问题等），并针对这些问题与供应商讨论解决方案，赋能供应商，直至新产品的直通率达到 95% 以上才推动进入量产阶段。

后来，华为在做 P10 时，将具有"汉堡包"模式的 P10 交由伟创力代工生产。由于伟创力已提前通过 NPI 掌握"汉堡包"模式的现场生产，所以在生产 P10 时显得游刃有余。在量产爬坡阶段，NPI 与生产部门协同导入，实现了 P10 的快速量产。

恰巧，那时正逢华为与苹果"PK"爬坡速度，P10"惊为天人"的爬坡速度让竞争对手苹果都不得不赞叹。

快速量产有效满足了 P10 的前期市场需求，一时间，P10 大火，成为消费者追捧的机型。华为终端也因为 NPI 拉通了试制到量产的过程，做足了 P10 的供应，达成了可喜可贺的销量目标。

由此可见，NPI 部门十分重要，NPI 岗位是一个战略岗位，体现了制造比较核心的技术，它导入的不仅是产品，更是能力。

从 DFM 到 MFD 的技术革新

在电子行业，印制电路板的制造尤为重要。然而，印制电路板的设计是一个枯燥的过程，也是一个痛苦的过程。不少工程师一说起印制电路板，便会"执手相看泪眼，竟无语凝噎"。

为了更好地实现电路板的制造，工程师们引入了 DFM（Design for Manufacturing，面向制造的设计）。

如果印制电路板的设计是风筝，自由自在，那么 DFM 就像风筝线，组成这根线的便是功能、装配、材料、工艺以及质量成本控制。风筝之所以能高飞不坠，靠的就是这根线的收放。

因此，从设计到产品的距离，刚好是一个 DFM 的距离。

在制造领域，DFM 叱咤风云赛过梁山好汉，单枪匹马就能独当一面。

如今，不少制造业企业都面临一个难题——产品能设计出来，却不一定能制造出来。而 DFM 的出现恰好解决了这一痛点，能够帮助企业以最低的成本、最高的质量在最短的时间内制造出产品。

提升可制造性的 DFM

DFM 是对制造进行总体优化的一种设计，强调"第一次就把事情做对"，减少过程设计变更的产生。很显然，这一理念与华为不谋而合。

2012 年左右，华为开始做智能手机后，研发部门就已意识到，在做产品设计时，要考虑后端的可制造性，否则后端制造很难将设计出来的产品量产。于是，DFX应运而生，华为的设计开始面向产品生命周期的各环节。

DFX（Design for X，面向产品生命周期各环节的设计），其中X代表产品生命周期的某一环节或特性，如图13-1所示。

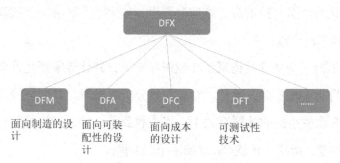

图 13-1 DFX 示意图

在DFX中，DFM是最重要的部分。DFM要求设计考虑制造的可能性、高效性和经济性，DFM的目标是在保证产品质量与可靠性的前提下，降低产品成本、缩短产品开发周期、提高生产效率。

不同领域的DFM应用具有很大的差别。如今，电路板行业技术发展成熟，设计制造一体化平台已经融入软件与规则库。不少国际知名企业从运用DFM工具中尝到了"甜头"，如汽车行业的福特、宝马，计算机行业的英特尔、戴尔，等等。

针对每款新产品，华为都要进行DFM的评估，同时也要求每个结构工程师必须掌握DFM的设计理念和工具。DFM工具能让制造模拟系统与设计过程同步，相当于在设计阶段融入制造规则，建立新的设计流程，从而减少设计变更带来的周期延长，保证生产的效率与质量。

与此同时，DFM还能帮助在制造前期发现和解决可能存在的质量问题，减少产品的迭代次数，降低成本，提升产品的市场竞争力。

设计与制造融合：从 DFM 到 MFD

记得有一次，华为的某款手机出现了黑屏的现象，这一现象在网上传播后，该款手机的销量下滑，库存开始积压。

为减少库存积压，华为迅速成立攻关小组，找出了造成该现象的原因——某条连接线和板子间的粘结不良。当时，几乎所有的供应商都认为业界的技术水平就是如此，要想解决该异常，得花大价钱攻克技术难关，纷纷劝华为不用在意这点异常。

但华为认为，这一异常会导致库存积压，如果不及时解决，该款手机的库存只会积压得越来越严重。

于是，华为重金从芬兰请来了3位资深专家，并让专家到生产现场分析每个生产工序，将制造改善融入设计。专家经过分析后发现，只要替换粘结材料就能解决异常。在攻关小组的共同努力下，华为找到了一种更好的粘结材料，消除了该款产品的异常，解决了该款产品的库存积压问题。

这是一则典型的设计与制造融合的案例，是前移管理。从这个案例中我们可以看到，华为将改善融入设计的先进做法提升了零件的可制造性，有效降低了制造成本，提升了交付效率。

事实上，华为供应链在做NCI①时，会跟合作的供应商做新技术的前移管理，主动跟供应商协同，让供应商参与进来，了解华为新的产品规划和技术规划，华为与供应商合作研发，将产业链前移；当供应商研发出新技术后，华为可以接受供应商的邀请与之开展合作，利用新技术降本增效；华为还会和众多EMS工厂成立协会，并引导EMS工厂研发新技术，研发出新技术后提前导入……

可以说，在前移管理中，华为是业内的排头兵，占据了技术高地，让华为的产品质量一直处于产业前沿。

华为不断升级的前移管理让供应链原本的DFM转变为MFD（Manufacturing for Design，制造为设计服务），实现了后端与前端的协同，让设计与制造渐趋融合。

---

① NCI，Network Carbon Intensity，即网络碳强度在某个时间段内，整个网络碳排放与数据量的比值。

电子"三新"：新技术、新工艺和新材料

华为在做 P6 手机时，曾想将手机的厚度做成 0.618 厘米，试图用这一"黄金分割"的尺寸助力华为成就一番霸业。

然而在实际操作中，制造环节遇到了难题。原来，手机变薄之后，放 SIM 卡（用户识别卡）的卡槽与电池离得太近，很容易将电池钩破，引发火灾。

为解决该问题，华为供应链与一个供应商进行了合作。在试制阶段，供应商虽然解决了这个问题，但最后准备量产时，又出现了难题。

在试制阶段，供应商做了很多防护措施，如防止零件氧化等，防护成本较高。但到了量产阶段，供应商无法对大批量的产品进行同等级别的防护，所以无法量产，不能向华为供应一定量级的合格产品。

看着设计出来的产品无法实现量产，华为的整个团队都感到十分可惜。

后来，华为设立了 NPI，致力于解决此类问题。NPI 需要在产品试制阶段评估制造难度，对新产品的新技术、新工艺、新材料做到心中有数，如此，便能在试制阶段验证供应商是否能实现大规模量产，避免出现为不达标产品"买单"的情况。

后来华为供应链将新技术、新工艺、新材料总结为电子"三新"，加上新产品和新模式，称为"五新"。它们是推动产业创新的重要因素。

摩尔定律之后的终端增长密码

如果将摩尔定律看作一个人，那么如今，他已是一位 50 多岁的中年人了。50 多年里，电子产业以巨大的进步说明了摩尔定律的有效性。

半个世纪前，一位名叫戈登·摩尔的年轻工程师在仔细观察了他所处的新兴行业后提出了一个假设，他认为，当价格不变时，集成电路上可容纳的元器件的数目每隔约 18 个月便会增加一倍，性能也将提升一倍。神奇的是，当他将长达 4 页的摩尔定律预测文章发表在 *Electronics* 杂志上后，这一定律一直引领着电子行业的发展，比如 2005 年的一张 SD 卡（存储卡）的容量是 128MB，10 年后卡的

尺寸没变，容量却已是之前的 1024 倍（128GB）！

这位年轻的工程师便是英特尔的创始人。

摩尔定律在电子行业的科技发展进程中贯穿始终，为现代人的生活带来了各种个人电子设备。可以说，摩尔定律对现代生活的影响是难以估量的。如果没有芯片，我们坐不了飞机，上不了网，甚至打不了电话。

然而，最近几年，芯片的发展速度有所减慢，摩尔定律开始不准了。

毫无疑问，摩尔定律对整个世界意义深远，但随着晶体管电路不断接近极限值，这一定律开始慢慢失效。

从手机拍照角度来看，从早年手机带有拍照功能开始，很长一段时间里不少人都认为手机拍照效果的好坏由像素决定。2000 年，华为第一部带拍照功能的手机仅有 10 万像素，此后这一指标逐渐攀升至 20 万、50 万、100 万、500 万、1000 万、2000 万……像素的变化提升了手机的拍照效果。然而，当镜头像素从 2000 万上升至 6000 万时，单一硬件的变化带来的画质变化已经不明显了。

这就像半导体领域的摩尔定律，随着算力达到一定程度，单一提升算力，用户在终端感受不到明显的变化。只有不断创新，才能带来不一样的体验。如果停滞不前，将会导致整个电子行业市场的萎缩。

摩尔定律失效了，华为找到了终端新的增长密码——"三新"，即新技术、新工艺和新材料。

举例而言，2022 年第一季度中国笔记本电脑零售市场的季度销量数据显示，2022 年第一季度中国笔记本电脑零售市场销量同比增长 6%，环比下降 7%。增速放缓的环境下，PC 产业中涌现出了一匹黑马，这匹黑马就是华为。

相较于其他品牌，华为笔记本电脑的销量表现优异，同比增长 44%，环比增长 47%，增速较快。

为什么华为的新产品能在行情低迷的市场上博得一席之地呢？答案是技术、工艺、材料的创新。

对于笔记本电脑用户而言，屏幕是用户体验最重要的一个影响因素。为提升这部分的用户体验，华为将手机上的创新理念引入笔记本电脑，在屏幕的屏占比、显色、亮度、对比值上都有所创新。

传统的 PC 产业都将 16∶9 作为屏幕的固定显示比例。事实上，这一比例对办公人员很不友好，比如在使用 Word 文档时，该比例会让文档上方的工具栏遭到遮挡。对此，华为进行了优化，使用 3∶2 的显示比例，坚持为客户真正的需求和体验"买单"。

以前，笔记本电脑的触控板体验不佳，不少用户不得不随身携带一个鼠标。华为发现了这个痛点，对触控板的工艺"下手"，通过将 8 个压电陶瓷片分布在整个区域，应用可检测按压力度的力度感应器，最终实现了用户无论在何处点击，触控板都能灵敏响应。这一工艺的创新将触控板从"只能用半块"的窘境中拯救出来。

除此之外，智慧办公也是华为给 PC 产业带来的一大创新。华为基于分布式技术，从底层打破了安卓与 Windows 的系统壁垒，实现了跨系统、跨平台多屏协同的功能。

简言之，华为的手机、平板电脑、笔记本电脑、电视等终端产品实现了自由连接与切换，为用户办公带去了智慧、畅快的体验。比如通过多屏协同功能，用户可以在笔记本电脑上轻松打开 App，也可以在笔记本电脑上编辑内容，从而大幅提升编辑效率。

事实上，华为 PC 产品的崛起少不了 NPI 在其中发挥的作用。NPI 只有将新技术、新工艺和新材料（智慧办公技术、触控板工艺、显示比例为 3∶2 的屏幕）导入试制阶段，才能有效保障 PC 产品的量产，才能让华为以黑马之态成为 PC 产业最大的"变量"。

我们终于能拍出有"徕卡味儿"的照片

徕卡是摄影行业顶尖的企业之一，是摄影爱好者心目中的一个传奇。

和徕卡合作，是出于手机摄影的考虑。毕竟在这个时代，让手机用户得到出众的图像品质和愉快的拍照体验已然成为终端需要考虑的一件事。

让用户用手机拍出胶片时代的那些伟大的照片，让手机照片也有"思想情感"，成了终端的目标。

那时，徕卡虽然每年的销量呈平稳增长的趋势，但徕卡的高层也在思考：面对越来越多的手机用户，如何才能将百年来积累的技术、工艺和材料应用在智能手机上？

当徕卡在寻找这一问题的答案时，华为恰好在"敲门"。

华为希望能与徕卡达成战略合作，提升华为手机的影像质量，拍出"徕卡味儿"的照片。于是，双方抱着真诚合作的态度，跨过各自熟悉的领域，最终达成共识，签订了战略合作协议。

达成合作只是万里长征的第一步。合作伊始，双方就各自成立了技术专家组，主要工作方向是图像质量和光学设计。

相较于数码相机，手机的光学设计有着天然的限制：

手机镜头尺寸太小，光学镜头的设计经验无法完全传承；

镜头模组加工难度大，生产良率、量产和成本必须考虑；

塑料镜头的光学素质有一定差距；

……

于是，当徕卡专家提出多项光学设计指标时，华为感受到了巨大的挑战与压力。

果不其然，一开始，华为生产出来的手机镜头试制良率是令人"崩溃"的。每生产出来100组镜片，最终仅有不超过10套符合要求的双镜头模组。

虽然事实是残酷的，但办法总比困难多。华为制造部门联合研发部门、NPI，以及徕卡的专家，聚焦攻克技术难题。

在这个过程中，NPI有效连接了研发部门与制造部门，严格按照徕卡专家制定的要求，例如"鬼影"和"炫光"的指标要求（"鬼影"和"炫光"是指较强光线进入镜头后在镜片间经历多次反射，从而在图像上形成的骷髅头一般的鬼影和点状的光斑），对镜头质量进行把控。

试制时的每一批镜头，NPI都要通过拍摄大量样张做测评。一次，徕卡专家针对某批镜头和某品牌手机镜头的对比，给出了令人振奋的测评结果——华为手机镜头的素质已然达到业界一流水准。

镜头的不良率问题解决了，接下来便要解决图像质量问题。

虽然华为和徕卡评估图像质量的测试仪器和平台是一样的，但相比之下，徕卡使用的测试标准要高出许多。例如，测试色彩还原的色卡，华为一般要求准确还原几十个色块，而徕卡的标准是还原 140 个色块。可以说，要想达到徕卡的标准，手机器件、图像信号处理算法以及后处理都要面临更大的挑战。

NPI 在对图像进行测评时，每天不仅要拍摄大量的样片，还要接收大量 Beta（β）测试图片，分析其中的问题。无论是从欧洲还是从美国传回有问题的样片，NPI 都会协助研发部门在第一时间回复并澄清问题，提出解决方案。通过各方努力，华为手机拍摄出的照片终于一步步向"徕卡味儿"靠拢。

2016 年，华为在伦敦向全球数百家媒体展示了 P9/P9 Plus 系列。这次，华为与徕卡合作研发的双镜头拍照系统成了最大的关注点。在发布会上，华为邀请 4 位国际顶尖摄影师展示了他们用 P9 拍摄的照片，并分享拍照的经验与心得。

发布会结束后，当天下午 6 点，P9 便在国内的零售店同步上市。

那段时间，P9 风靡全球，笔者身边不少朋友为体验双镜头拍照系统，将手机换成了 P9。他们有的赞叹 P9 的大光圈能很好地烘托被摄主体，让人爱不释手、回味无穷；有的喜爱黑白模式，认为拍出来十分有"徕卡味儿"；有的发现 P9 相机的操作十分熟悉，与徕卡有很多相似之处……

与徕卡的这次合作给华为带来了新技术、新工艺、新材料。而 NPI 作为连接研发与制造的桥梁，将这"三新"很好地带入试制，帮助华为实现了 P9/P9 Plus 量产，为客户带去了有温度的影像故事、有情感的自我表达、有情怀的人文互动。

华为在摄像技术上的前进并没有止步于与徕卡的这次合作。2022 年 6 月，华为终止了与徕卡长达 6 年的合作，这是因为 XMAGE 技术（华为移动影像的专属标志）的诞生宣告了华为在影像领域的领先与成熟，这也标志着华为在摄像上凭借新技术的开发将不再依赖国际巨头，自身的品牌形象已经足够强大。

第 **14** 章

智慧供应链

作为世界上最大的商务客机制造商之一，AIRBUS（空客公司）担负着全球一半以上的大型新客机制造的重任。

然而，由于供应商地理位置的分散，AIRBUS 发现越来越难以追踪各组件、部件以及其他资产从仓库运送到制造基地的情况。

提升可视性迫在眉睫，为此，AIRBUS 创建了智能感应解决方案，以检测入站货物何时能离开预设的道路。在该方案下，部件从供应商的仓库转移至组装线的过程中，会经过智能集装箱。这种集装箱专门盛放保存部件重要信息的标签。在重要的接合点，读卡机会审查标签，检查部件是否到达正确位置，是否存在遗失的情况。如果存在异常，系统会自动向操作人员发送警报，进而及早解决问题。

AIRBUS 创建的智能感应解决方案极大降低了部件交货错误的严重程度和影响范围，降低了异常造成的相关成本。由于能精确了解部件在供应链中的位置，AIRBUS 还省去了一笔不小的运输费用，提升了部件流动的总体效率。借助智能先进的供应链，AIRBUS 很好地应对了部件运输途中的不确定性。

随着经济全球化的发展，供应链正朝着全球一体化的方向发展。在这种趋势下，智慧供应链对企业而言越来越重要。

事实上，一个真正智慧化的供应链体系，不仅仅是结合物联网技术和现代供应链管理的方法、理论和技术，也不仅仅是在企业间构建的供应链的智能化、网络化和自动化的技术与管理综合集成系统，还是面向需求驱动的、端到端的、可动态调节的供应链体系，在计划、采购、物流、制造等环节都能快速实现智能响应，拉通前后端，完成及时交付。

智能计划：计划与调度

战略家冯·毛奇说过："没有什么计划在遇到敌人后是不变的。"计划即变化，不确定性将导致多个计划的产生，而多个计划又会导致更多不确定性的出现。

供应链业务发展到一定阶段后，华为在 To C 领域遇到了计划做不准、物料不齐套等问题。当时 CBG 内部引进了一位外企高管，他明确地告诉团队成员，要想做准计划，让物料齐套，是一件十分困难的事情。

创新是引领企业发展的第一动力。为解决这些难题，计划部门决定对传统计划进行创新，通过 One Plan 体系、APS 的引入以及工具的创新，让计划更加精细化，进而缩短订单履行周期，提升交付响应速度。

模式创新：APS

国外市场的扩张让华为供应链面临着双重困境：

预测的产品销量少了，供应无法得到保障；

预测的产品销量多了，会造成库存及流动资产的大量浪费。

如何准确把握预测数量、有效管理全球需求与订单成为华为供应链亟待解决的问题。正当华为一筹莫展之际，APS 出现了。

APS 是一种在资源约束前提下的优化计划，其既能用于单个企业内部的短期计划排产，也能用于已知条件下的长期预测，是企业改进、优化供应链管理的一种模式。

1978 年，高特拉特博士推出的优化生产计划软件标志着 APS 的诞生。此后，欧美等地区便开启了 APS 软件的大规模开发。

APS 作为供应链的发动机，会用一个平台集成端到端的所有中短期计划，帮助企业解决预测难题。随着时代的进步，企业供应链的数字化需求越来越多，国内制造业对 APS 的导入需求迅速增长。华为作为走在时代前沿的企业，走上了自主研发 APS 的道路。

在沿袭 S&OP 的基础上，华为要求全球销售部门、国内生产和采购部门每月举办一次例会，从而检视供应与需求之间的差距，根据差距调整生产计划、采购计划以及交付计划，保证各部门能及时更新和获取信息，并将信息传递给全球销售部门。

通过 APS 模式的创新，华为整合了所有的需求预测、计划排产和库存方面的信息。每当有改变发生时，APS 便会同时检验水平管理、原料管理、需求管理，由此摆脱了之前分销资源计划只能考虑单一类别的管理限制。如此一来，便能确保供应链工作计划在任何时刻都能发挥效用，提升市场一线与供应链的协同能力。进入 2012 年以后，华为供应链全面推行 APS，并且启用 FP（Factory Planning，工厂计划）的工厂排产模块，打通计划与现场调度，使计划准确率大为提升。

流程创新：One Plan 体系和托马斯系统

供应链发展到一定阶段后都要解决一个问题——如何摆脱对人的依赖，用确定的管理规则应对不确定的市场环境。华为也遇到了这个问题，那么靠什么解决这个问题呢？答案是流程。

只有先"理清楚"，才能做到"管起来"和"持续优化"。而所谓"理清楚"，便是梳理并整合出一套承载整个供应链管理的端到端智能流程。

华为供应链的智能流程创新主要体现在 One Plan 体系、托马斯系统两个方面。

华为的 One Plan 体系得从著名的"牛鞭效应"说起。

西部牛仔挥舞牛鞭时，手腕轻轻一抖，牛鞭便会产生大幅度抖动，在空中形成波浪形状。小动作引起大变化便是人们常说的牛鞭效应。生活中随处可见牛鞭效应，供应链也不例外。

一个需求的细微变动可能引起产能投入或库存的巨大变化，甚至导致生产、供应、营销的混乱。

美国日用消费品品牌宝洁曾在研究尿不湿的市场需求时发现，尿不湿的零售数量具有稳定性，然而在考察批发商的订货量时却惊讶地发现，数量出现了较大的波动。对此，批发商表示，他们是根据零售商的订货需求量开展订货工作的。

原来，零售商会基于往年的销售情况确定一个较为客观的订货量。为保证货物及时可得，能适应客户的需求变化，零售商通常会放大预测订货量，进而向批发商订货。

同样的情况也在批发商环节上演，批发商会在汇总零售商订货量的基础上，再次放大数量。如此一来，即便客户需求量没有产生多大的波动，但经过零售商和批发商一级一级地放大，最终呈现出来的订货量与实际需求量也必定存在难以跨越的"鸿沟"。

由此可见，在牛鞭效应的影响下，变化会被逐级放大、传递，如图 14-1 所示。

图 14-1　牛鞭效应带来的波动

以手机业务为例，2 亿台的发货量，一旦计划有 10% 的偏差，那么就意味着将会存在 2000 万台的缺口或库存积压。

因此，如何最大限度地减少牛鞭效应带来的影响成了众多供应链管理者需要思考的问题。

减少供应链层次，减少节点数，压缩生产周期；打破信息壁垒，实现信息共享；协调供应链各环节，建立良好的伙伴关系，使各节点的供应能更好地匹配需求……这些能缓解牛鞭效应的不利影响、为企业带来收益的举措成为华为创新 One Plan 体系的依据。

One Plan 体系是智能计划的底层逻辑，如图 14-2 所示。它并不是指华为供应链的计划必须由一个计划或一张计划表单呈现，而是指在不同阶段、不同层级、不同部门之间，华为供应链的计划具有一致性和关联性。

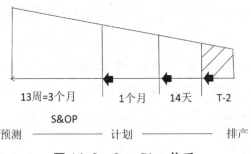

13周=3个月　　　1个月　　14天　　T-2

S&OP

预测 ———————— 计划 ———————— 排产

图 14-2　One Plan 体系

One Plan 体系的核心是数学中的"无限逼近"思想。三国时期的数学家刘徽在论证割圆术时，先将圆割成多边形。随着圆被分割得越来越细，多边形边的数量会越来越多，慢慢地，多边形的面积与圆的面积逐渐接近。这一实验充分体现了刘徽用多边形面积无限逼近圆面积的数学思想。

在供应链管理中，从预测到计划再到排产，华为采用无限逼近的思想，从 3 个月到 1 个月到 14 天再到"T-2"天（T 表示交付周期），将 One Plan 体系从由远及近的各个时间维度上贯穿产品的整个生产过程，不断缩小颗粒度和管理的对象，最终达成交付目标。

在流程创新上，除了 One Plan 体系，还有一个托马斯系统。

从 P1 到 Mate 30 系列，华为供应链不断改进，挑战不可能，向智能化迈进，把主观能动性发挥到极致。而笔者恰恰就在这场战役的主战场上的关键岗位，亲历了这个难忘的过程。

在智能制造的推行上，华为对标博世、丰田等标杆企业，应用仿真和建模等方法，形成业界领先的终端智能调度系统。

该系统的全称是终端制造先进调度系统，即"托马斯"。

托马斯系统起源于精益生产。华为在做精益生产时有一个要求，就是优化排产颗粒度，达到"一个流"（混流生产）的目标。要想达到该要求，必须将排产做到小时级，于是，基于 APS 的托马斯系统应运而生。

该系统的基础是智能调度的三大逻辑，一是产能要素模拟仿真，二是物料齐套动态模拟，三是智能波次动态排产。同时该系统引入了两个算法，一个是遗传算法[①]（属于人工智能算法），另一个是汤姆孙算法[②]（又称汤姆孙模型）。

通过与 IT 体系的连接，托马斯系统将产能要素模拟中的各种要素（人机料法环）实现了互联，让生产现场的异常得到快速解决，实现了实际生产和计划排产的无缝对接。

工具创新：锁排零变更、421N 计划排产体系

工欲善其事，必先利其器。除了模式和流程的创新，工具创新也是智慧供应链变革的重中之重。

2015 年，华为恰好推行 CISC 变革和智能制造变革。为了更好地推动变革，华为引进了一位"神秘"的三星原高管。

据悉，这位三星原高管曾在三星手机和显示部门担任专务理事（仅次于副社长的高级岗位），并主导构建过三星中国早期工厂的管理体系。华为看中了他在制造和计划领域的优势，因此将其引进华为。

在此之前，华为供应链各环节的拉通研讨会上，采购部门和制造部门就已抱怨计划部门不靠谱、频繁变更计划。

该高管进入华为后，为解决该问题，在华为推行了"锁排 3 天零变更"的项目，致力于解决计划不准的问题。

在他看来，计划是华为供应链的中枢环节，一旦频繁变更，之后的采购、制造环节的业务就会受到影响。虽然面对瞬息万变的市场环境，供应链要将计划做准是几乎不可能完成的任务，但为了供应链高效运作，保证公司顺利发展，华为必须将计划做准，并且计划一旦固定下来，就不能随意变更。

"锁排 3 天零变更"的主要做法包括 3 个方面。第一是对标三星建立一百大

---

① 在计算机科学和运筹学中，遗传算法是一种受自然选择过程启发的元启发式算法，属于进化算法大类。

② 汤姆孙认为原子是球体，带正电的物质均匀地分布于球体内，带负电的电子一颗一颗地镶嵌在球内各处的一个个同心环上，第一个环上可放 5 个电子，第二个环上可放 10 个电子……原子中正负电荷总量相等。

规则，重新改造华为计划的相关流程，让所有的流程对应 One Plan 体系。第二是将"预测—计划—排产"这套考核体系拉通。第三是以生产制造为核心，倒逼计划准确率的改善，通过对计划部门和制造部门提出互锁的规则体系，让计划前端保障计划准确率和物料齐套率，让制造后端保障定时定量，形成一个小的循环，如图 14-3 所示。

冻结周计划互锁
周计划驱动计划决策备料、
生产资源准备。
计划部门承诺计划准确率，
保障需求和物料供应。
制造部门承诺产能满足率，
保障线体硬件资源和人力
软件资源按期到位。

锁定计划互锁
日计划驱动物料齐套和生产
执行。
计划部门承诺物料齐套率和
锁排变更率，保障加工指令
准确、稳定、可执行。
制造部门承诺任务令及时完
工率和定时定量，保障生产
进度和结果可管、可控、可
达成。

图 14-3　计划与制造双重互锁

事实上，刚开始在很多华为人眼中，计划零变更只是一个概念，但后来在"锁排 3 天零变更"的推动下，这个概念慢慢变成了可执行的规则体系。华为供应链借助这套有力工具让计划的准确性得到不断提升。

在电影《红海行动》中，蛟龙突击队的表现令人印象深刻。第二场巷战时，为完成解救人质的任务，队长杨锐对所有人的任务进行了倒排：整队分成 3 个小队，一小队负责进攻解救，二小队负责远距离狙击协助，三小队负责守住退路。在倒排战术的指导下，巷战行动进行得十分顺利。

在华为供应链中，这种倒排战术被广泛运用于交付目标的达成。假设华为 CBG 供应链在某年底需交付一批 1000 万台的高端手机，为达成该目标，华为会倒排计划，以终为始地梳理接下来要做的事情。

首先是梳理为了达成目标需要做哪些事情；其次是根据目标做精细化的拆解，将目标拆解成可执行的行动；最后是梳理手机生产的"人机料法环"要素。

在这个过程中，需要使用倒排工具规范这一系列动作，于是，华为创新开发了 421N 计划排产体系。

什么是 421N 计划排产体系？从字面意思上来看，421N 表示 4 周、2 周、1 周和 N 天（"N"表示 T-N 排产，N=0、1、2、3 天……）。在 4 周内，需要定目标、备硬件资源；在 2 周内，需要定型号、招人力；在 1 周内，需要定编码、审资源（人力＋硬件）；在 N 天内，需要定波次、查齐套、核周期。

421N 计划排产体系是基于 S&OP 运作机制，更强调供应链执行的一种方法论，与 S&OP 运作机制形成了有机协同，是 One Plan 体系的重要组成部分。其中，S&OP 运作机制侧重规划（重点输出周计划、月计划），421N 计划排产体系侧重执行。

华为通过"由远及近"的 421N 计划排产体系使得计划、制造全方位协同，加快了响应速度，缩短了供应链全流程订单履行周期，提升了整体交付水平。

战略采购：采购管理的新阶段

在华为，自家工厂生产的产品是主导产品，供应商的产品是主导产品的补充。对于华为而言，供应商不只提供零件，还提供完整的产品。

在 2018 年的供应商大会上，华为轮值董事长郭平宣布："华为将进入'采购3.0'时代，即战略采购时代，与核心供应商打造新型战略合作关系，聚焦公司战略目标的实现。"

传统采购仅仅是买方与供应商之间的交易，而战略采购是本地资源和全球资源的整合和协调。可以说，战略采购是竞争优势的新源泉。

产业链协同，赋能供应商

所谓产业链协同，是指华为要跳出来，站在公司的外围做产业链的前移，提前和供应商做好协同。比如华为在开展商业计划时，会与产业链上下游的供应商达成关于质量管理的战略共识。这个战略共识很重要，通常会包含双方的投资方向、战略重心、合作产品或物料的规模，也会针对合作趋势、质量、交付等重点事项进行对齐。

在产业链协同的基础上，华为供应链的底气从何而来？笔者认为，是华为对供应商的赋能。

举例而言，2020年4月的某一天，华为MQC（Modular QoS，模块化QoS命令行接口）、TQC、"三化一稳定"的接口人等相关职能部门的工作人员来到了纽贝尔的工厂，进行现场培训和检查指导工作。

培训会主要包含"三化一稳定、严进严出"和"质量前移破冰行动"两部分，涵盖了主要的工作内容、推进方式、质量闭环管理等环节。会议期间，员工都听得极为认真，时而拿笔记录，生怕遗漏关键要点。

培训会结束后，华为员工深入纽贝尔的生产现场，对生产车间、样品间、实验室、老化室、仓库等进行了现场抽查。对于现场存在的问题，华为员工做好相关记录，并且当场分析，向纽贝尔提出优化建议。

此次纽贝尔之行结束后，纽贝尔按照华为员工提出的建议进行整改，严格按照华为要求进行质量把控，深入落实整改问题。

士别三日，当刮目相待。几个月后，华为相关人员再次来到纽贝尔的车间，映入眼帘的是井然有序的生产现场、操作规范的生产工序、整齐划一的员工服饰、质量过硬的车间产品……很显然，通过华为的赋能，纽贝尔的整改达到了应有的效果，能提供高标准、高品质的产品。

通过产业链协同、赋能供应商等方式，采购部门能买到"心仪"的物料或设备，供应链能实现优质优价，供应商也能凭借过硬的产品质量接到更多订单，与华为建立互信互助的合作关系。

构建供应韧性，保障业务连续

相较于要求快速响应、及时交付的传统采购，战略采购要求未来的供应要具有韧性，能应对各种极端情况。这要求华为与供应商建立高度协同的合作关系，形成完善的供应链连续性体系。

多年来，华为始终坚持以客户为中心，哪怕遇到洪水、地震等突发事件，华为也携手供应商共同面对。比如2018年6月，泰国12名球员与教练被突发的大雨和洪水困在洞穴中，情况危急，牵动全球人民的心。当时，有来自不同国家（地区）的超过1000人参与救援活动，其中便有华为人。

客户最困难的时候也是最需要华为和供应商的时候。

在救援过程中，由于洞穴没有通信信号支持，救援活动进展缓慢。华为挺身而出，联合供应商紧急提供宽带集成系统，搭建现场无线环境，快速恢复洞穴内通信，为现场救援行动的指挥与调度提供了有力支持。

这个案例再次证明，在战略采购时代，华为与核心供应商坚持以客户为中心的价值观。在面对突发事件时，华为能携手供应商积极、快速地应对，保障业务连续性，建立完备的业务连续性体系。无论发生任何情况，华为都能与客户站在一起，抢通抢建，为灾后恢复做出卓越努力。

智慧物流：从黑灯仓库开始，实现一体化的升级换代

20世纪70年代中期，国内便开始兴建首座自动化立体库。自研发第一台自动分拣机起，国内物流技术便经历了巨人变化，虽然起步较晚、过程崎岖，但最终后来居上。

随着改革开放政策的推行，不少跨国企业在国内建立供应中心，比如沃尔玛。之后，电子行业的龙头企业开始建立自动化物流系统，加速了物流技术的发展进程。电子商务的兴起更是刺激了物流的发展……

种种因素的合力推动，让国内物流技术完成了从人工作业到自动化作业的蜕变。无论是物流技术种类，还是物流装备，都朝着智能化方向升级。

从"手提肩抗"到店仓配一体化

小王刚入职一家地方性零售企业担任供应链规划人员。一个看似不起眼的岗位，对于这家有着几十年历史的企业而言，却有着重要意义。

20世纪90年代，零售商超行业发展迅速。这家企业从一个小小的商店快速成长为地方性商业超市的龙头。不仅省会城市的主要片区有这家企业的超市，下属市县里也能看到它的身影。

在后续20年的时间里，二、三线城市还没有被家乐福、沃尔玛、麦德龙这些

国际巨头"入侵"，加上国内商超起步较晚，构不成"竞争威胁"。所以，小王所在的这家地方性零售商超企业获得了较高的经营利润。可以说，发展前景一片光明、欣欣向荣。

然而，随着互联网的普及，电商崛起，该企业受到不小冲击，市场份额逐年降低。加上国际巨头商超的加入侵，传统零售商超企业的利润空间不断被压缩。

面对多重压力，该企业分析市场后重新明确战略，提出"高品质服务，高效率运营"的口号，坚持立足本地市场，通过高品质的服务赢得本地居民的信任，同时通过供应链的创新降低运营成本。

作为供应链的规划者和创意者，小王深知自己的使命，不敢懈怠。几个月来，他深入现场，认真调研分析后发现，这家企业有着十分成熟的物流体系。无论是仓内运营、配送管理还是门店作业，各环节都有标准的作业流程和系统支持。

那么，这家企业的供应链就没有可以创新和优化的地方了吗？

经过进一步的观察研究，小王找到了这家企业供应链发展的短板——虽然仓库、配送、门店都有完善成熟的流程，但整条供应链并没有形成很好的协同，各环节各自为政，没能很好地串联起来。比如，小王发现，物流的配送车辆补货到门店的时间未统一，双方没有达成有效沟通。因此，当配送车辆到达门店下货时，门店手忙脚乱，只能临时安排员工仓促收货，如此既影响了门店的运作效率，也拉长了配送车辆的等待时间。

同样的问题也发生在配送车辆取货的场景里。仓库的拣选波次是固定的，补货量和补货对象是变化的，一动一静的矛盾导致仓库每天只能根据城市大致区域划分进行波次拣选分配。

显然，这种方式给配送车辆带来了不少麻烦。对于配送距离近的门店，司机师傅需要根据自己以往的配送经验对货物进行人工的路径规划。这种全程人工操作的方式大大降低了货物配送的效率，以至于门店的货品无法及时补齐，客户感到不满。

对于配送距离较远的门店，负责配送的员工索性将所有货物拉到仓库，进行二次分拣，再根据细分的线路进行规划。这种方式不仅浪费配送时间，也增加了装卸操作这些本不该有的环节，进而增加了物流成本。

将问题定位清楚后，小王决定针对性地进行改善。

在小王看来，目前企业供应链遇到的最大问题就是协同问题。在零售行业里，仓库、配送、门店这3个供应链上不同的节点因为缺乏统一的调度，各自按照自己的逻辑运作，而配合不紧密、步调不一致，耗费了大量的时间成本和财力成本。

为解决该问题，小王提出了"店仓配"一体化的方案。通过制定统一的流程制度，引进智能设备与系统，将"店仓配"的管理融为一体，进而拉通各环节。这种"智慧"型的物流配送方式有效提升了物流配送效率，降低了运输成本，帮助企业达成了供应链创新的目标，使企业在市场上拥有了更强的竞争力。

事实上，小王这个案例也对应了如今制造业的物流管理。传统的"手提肩扛"的物流配送方式已不再适用，要想打造智慧供应链，智慧物流不可或缺。

在华为供应链中，物流是面向客户交付的关键节点。华为深知，缩短物流路径能减少复杂和迂回，打通最后一公里。华为的成功，从外部看，得益于全球通信行业发展的市场环境；但从内部看，它既依托于华为自身强大的市场能力和研发实力，也离不开智慧物流系统的支撑。

那么在物流中，华为做出了哪些创新，让原本略显"笨拙"的物流逐渐向"智慧"转变？

强强联合，打造黑灯仓库

近年来，顺丰在发展快递业务的基础上，进军重货、冷运、电商仓配以及国际业务等领域，致力于成为一体化供应链解决方案的提供者。该战略思想正中一些想改善物流的企业的"下怀"。比如专注于供应链、大数据及新能源领域新型基础设施的普洛斯，其战略定位是全方位物流设施服务的提供者。普洛斯希望能在巩固发展物流地产业务的同时，积极打造全方位的物流生态圈。

双方在接触后一拍即合，于2017年9月签署了战略合作意向书。双方以此次战略合作为契机，通过多种形式的合作，打造了更优质的物流仓储设施，为客户提供了快速、专业且高品质的服务。

除此之外，顺丰还与万科"结盟"，双方以开放及合作共赢的理念，通过资源共享的方式促进了全国各城市物流设施选址、投资开发、仓储租赁、智慧化园区、冷链物流等领域的发展。

可以说，在不少企业眼中，顺丰作为快递领域的佼佼者，是进行物流战略合作的不二之选。

因此，华为后来推进智慧供应链变革之时便首先想到了顺丰这个"香饽饽"。

以 2019 年的"双十一"活动为例，那年，国内主流电商平台达成 4500 多亿元销售额，物流订单数突破 12 亿。面对货运需求的增长，华为预测，如果物流仍然以传统的方式运转，那么带给企业和用户的将会是"永无止境"的等待。

为了让物流畅通无阻，将产品顺利送至客户手中，华为结合顺丰 20 多年来的物流行业积累和创新实践，与顺丰全方位合作，打造黑灯仓库，建立智慧新园区。

在泊位管理上，通过华为公有云 IoT 云服务、顺丰 DHL 园区泊位管理应用和智慧园区数字平台的强强联手，货车司机 App、PC 端、现场作业人员 App 实现了信息同步，使得泊位状态可视化、现场调度智能化以及业务流程数字化。几乎人手一个 App，员工也不再整天为物流提心吊胆。

在运输管理上，华为利用顺丰常常使用的 AGV，智能识别需要搬运的货品，准确地将货品搬运到指定位置；同时利用传送带和自动打包功能，在无人的情况下，将包裹快速运送到配送车上；并采用 Milk Run 的方式，实现面向客户的多点多频的配送。

在安全管理上，如同"天罗地网"的华为智慧园区沃土数字平台既有消防、监控、门禁等系统，更有"AI 算法 + 智能摄像头"的"神仙组合"。因此，即便在无人的情况下，华为也能实现重点区域的财产安全保障、车辆轨迹监测。

通过与顺丰合作，华为原本的物流园区摇身一变成为"智慧物流园区"。机器人操作代替人工操作，大大提升了物流运营管理效率，让原本灯火通明的仓库变成了黑灯仓库，让快递实现了极明显的加速。

如今，华为的智慧物流园区已然成为业界标杆，不少同行及记者到华为参观，感受智慧物流的魅力。比如，国内第一个用记者自己名字命名的专栏——"克丽专栏"，其主笔刘克丽是一位批判性的记者。在她的笔下，厂商和市场的不良行为展现无遗。然而，刘克丽在参观完华为智慧物流园区后，写下的文字却令人感到意外。

"4层、4万平方米的立体仓库。参观从条形站开始，无人驾驶的叉车上装有无线可视系统，几百米的滚梯设有红外检测节能系统。与条形站距离一米左右，前方滚梯才开始滚动，最后一次确认由称重系统完成。如果有误将返回重新存取系统，庆幸的是这个系统从来没有启动过，这里的物流准确率为100%。"

在一个文笔犀利的记者笔下，华为智慧物流园区能得到如此之高的评价，不能不说明智慧物流的创新带给华为的确实是一次"改头换面"的飞跃。

智能制造：精益生产是基础，智能制造是方向，精密制造是高地

华为制造的大发展是在2012年制造部门独立之后，制造部门在华为的地位不断提高，智能制造上升为华为公司战略的一部分。进入2018年，华为开始将制造部门当作一线部门，在某种程度上将其与销售部门相提并论。

制造部门是产品价值的实现环节，产品的研发、设计和商务界面的实现都在制造部门，制造部门地位的提高彰显了华为对制造的独到理解。制造部门开始大力发展核心制造能力，着眼于质量优先战略，提出了全新的制造战略——精益生产是基础，智能制造是方向，精密制造是高地。

精益生产是基础

在经历了丰田精益生产的"熏陶"后，华为于2018年形成了特有的精益生产系统——HPS。

任正非在 2018 年发表的《从系统工程角度出发规划华为大生产体系架构，建设世界一流的先进生产系统》中，提到要从以下 3 个方面构建 HPS。

首先是以精益生产为基础，以德国的工艺流程和工业软件为主体，将日本的质量管理嵌进去。HPS 的架构包括质量目标/方针、计划体系、调度体系、生产体系、工艺体系等。比如依靠 One Plan 体系，拉通前后端，做到均衡生产，按照计划生产优质产品。

其次是参考工业 4.0 的架构，沿着从产品设计到投入生产的产品工程数据流、从客户需求到生产指令的生产信息流、从来料到成品出货的生产工艺流这 3 个端到端的过程进行打通、集成和融合。

数字化融合设计与制造，从设计源头保证产品的高质量，缩短产品开发周期和试制周期；将客户订单/供应计划信息传到制造工厂，形成共享式集成、自动化处理，生产工艺过程实现多级物联，不断将人的经验变成数字化的管理平台和工业控制软件，不断迭代，实现高度自动化、部分智能化。

最后是系统性地规范工匠科学家、专家的管理，提升这些人才的待遇，从源头融合、打通研发与制造。与此同时，华为规模化引进优秀人才，不仅吸纳国内的博士、硕士，还引进德国、日本等发达国家的优秀博士、硕士，学习世界先进的制造技术。

通过以上措施，华为成功构建了 HPS，将精益生产的思想融入具体业务改善中，为后续智能制造的发展夯实了基础。

智能制造是方向

无论是中国制造 2025、德国工业 4.0 战略，还是美国的再工业化、日本的新机器人战略，都高屋建瓴地证明了智能制造是国家和企业前进的方向。

什么是智能制造？智能制造既不是单个工序、单台设备，也不是单条生产线，而是一种多技术、有衡量标准的协同体系。

华为供应链的智能制造发展过程主要分为萌芽期、成长期、硕果期 3 个阶段。

2012—2014 年为萌芽期。针对体积大的货品，华为制造从原来的手工线发展至使用自动化机械臂和 AGV 转运。虽然这在一定程度上提升了效率，但柔性仍然不足，不够智能。华为智能制造第一代如图 14-4 所示。

智能制造第一代（2012—2014年）

图 14-4　华为智能制造第一代

2015—2017 年为成长期。华为制造设备逐渐小型化、全自动化，AGV 实现了自动对接，栅栏消除。同时，制程向数字化发展，物料逐渐齐套化，拉式排产精益化，生产周期缩短。华为智能制造第二代如图 14-5 所示。

智能制造第二代（2015—2017年）

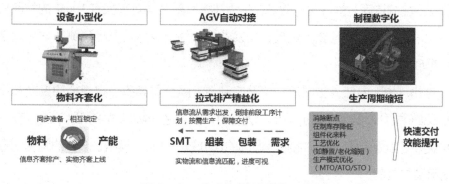

图 14-5　华为智能制造第二代

2018 年及以后为硕果期，华为正式进入智能制造的新阶段。这一阶段，华为打造了无人仓、黑灯工厂、全自动流水线、421N 计划排产体系、自动排产引擎、智能设备 IoT，从标杆线到标杆车间再到标杆园区，打造松山湖智能工厂。华为智能制造第三代如图 14-6 所示。

智能制造的新阶段（2018年及以后）

图 14-6　华为智能制造第三代

精密制造是高地

2021 年 12 月 28 日，华为精密制造有限公司正式成立。这家新成立的企业，其主要经营范围包含光电子器件制造、光通信设备制造、电子元器件制造、半导体分立器件制造等。值得关注的是，华为技术有限公司对其拥有 100% 的控股权。

此消息一出，立马登上热搜，引发业界关注。媒体与业界猜测，华为此举可能是想自主造芯。

对此，华为内部人士回应："精密制造有限公司具备一定规模的量产和小批量的试制（能力），但主要用于满足华为自有产品的系统集成需求。我们不生产芯片，主要业务是华为无线、数字能源等产品的部分核心器件、模组、部件的精密制造，包括组装与封测。"

事实上，早在 2013 年，华为制造就已开始自己生产摄像头、显示模组等精密部件材料，同时开发工艺、技术，形成了较为完善的精密制造体系。华为的精密制造工艺包括微纳加工工艺、光学容差设计工艺和光学粘结工艺等。

举例而言，在一次将前置指纹加入平板电脑的过程中，华为遇到了不少挑战。

为配合客户使用平板电脑的习惯，研发部门顺理成章地将指纹解锁装置设计在了屏幕前。看着这一设计方案，整机工艺人员担心道："贴合良率不好控制，供应商都没做过，心里真没底！"

摸着石头也要过河，在精密制造体系的加持下，制造部门不断调试整个工艺的参数，确认效果，获得第一手数据，并以数据为基础验证各工艺间的关键耦合关系，分析对比指纹粘接的每道工序后，确定胶水强度、粘接宽度和表面组装焊接平面度。

通过多个领域的配合和实验验证测试的匹配，初期近乎100%的指纹长期可靠性按压脱落失效的情况慢慢改善到50%失效、30%失效，再到完全解决。指纹贴合屏幕的段差间隙也慢慢改善，0.18毫米、0.16毫米、0.15毫米……在保证可靠的情况下，制造部门"摸"到了贴合间隙的天花板，也"摸"到了很好的指纹触感。

毫无疑问，前置指纹的突破再次展现了华为精密制造的魅力。无论是精益生产、智能制造，还是精密制造，华为制造已然向智能化转型成功，而华为的成功也为业界树立了标杆。这正如华为消费者业务CEO余承东所说："华为的意义，不仅是自己，最主要是带动一批中国企业从低端制造向高端制造转型。"

第 **15** 章

变革无止境

20多年前，IBM在和任正非谈变革之时，曾问任正非是不是下定决心变革。在IBM看来，绝大多数企业在考虑变革时并没有想好，因为变革就是革自己的"命"，世界上没有多少家企业能真正成功变革。

任正非认为，变革的成功离不开企业高层领导的决心。在供应链变革上，华为勇于革自己的"命"，将权力下放，一切按照部署的落地节奏有计划、有步骤地持续进行深化变革，打通了供应链前后端，练就了一条打不垮、拖不烂的供应链。

在整个凤凰涅槃般的变革过程中，华为供应链运用了西方先进管理模式，采取了最先进的集成供应方式，并结合华为的业务场景，进行了不断优化，获得了重生。

重生后的华为集成供应链连接了质量、成本、交付、市场营销、售后服务等环节，连通了企业内部和外部（客户端）的主要路径。这个路径运作高效，让华为快速成为世界一流企业，获得了商业成功。

在任正非管理的十二口诀中，"持续变革"是一大重点。他认为，只有持续管理变革，才能真正构筑端到端的流程，才能真正职业化、国际化，才能达到业界运作最佳水平，才能实现低成本运作。

在不确定性时代，华为供应链面临的任务更加艰巨，遇到的挑战更为棘手。时至今日，华为供应链的变革仍在继续，CISC、ISC+……华为供应链前进的脚步永不停歇。

晴天修屋顶：供应链要未雨绸缪，提前布局

多年前一个云淡风轻的季节，华为做出了关于极限生存的假设：如果有一天，所有美国的先进技术和芯片都将不可获得，华为仍然要持续为客户服务。

为了这个原本以为永远不可能发生的假设，数千名海思员工走上了最为悲壮的"长征"之路——为企业的生产打造"备胎"。

然而，这个提前打造的"备胎"居然在今天成了华为化险为夷的关键。

晴天修屋顶，下雨不补漏。当假设变成现实，我们不得不敬佩任正非的远见。如果没有他作为"一家之长"未雨绸缪的战略眼光和提前布局，华为恐怕很难在面临极限挑战时如此泰然自若。

为什么要在晴天修屋顶

人们修屋顶，一般都在发现漏雨时，如果能在晴天未雨绸缪，检查屋顶上的砖瓦是否破损松动，若有，就及时修补屋顶，那么即便暴雨来临，也不用着急忙慌地在大雨中匆忙补救。可见，在晴天修屋顶，才能一蓑烟雨任平生。

在以往的采访中，任正非曾分享了华为"下雨补漏"的故事："我们最早代理的交换机是 BH01，珠海一个小公司看我们卖得好，就不给我们供货了。后来有人给我们介绍，我们转向卖香港地区鸿年公司的 HAX 机，卖得很好的时候，他们也不供货了，逼着我们自己做通信产品。"

经历了"下雨补漏"的惨痛教训后，任正非痛定思痛，转变了战略思维。

从宏观层面来看，"在晴天修屋顶"可以帮助华为供应链渡过危机。从微观层面来看，"在晴天修屋顶"也可以帮助华为供应链提前解决发展过程中的各种"漏雨"问题。

举例而言，制造中常常出现各种异常。何为"异常"？简而言之，就是与正常状况不一样的情况。生产现场每天都会发生很多变化，变化会带来不确定性，比如让产品质量出现异常，让产线操作出现异常……这些异常对正常流程产生冲击，以致生产出有缺陷的产品，会在无形中增加华为供应链的成本。

在物料齐套上，也会出现"漏雨"问题。由于生产前没做好物料齐套的工作，生产时"屋漏偏逢连夜雨"：

生产部门愁眉苦脸，物料不配套导致生产线停工待料；

企业长期缺料，车间频繁放假，物料来了之后加班加点，员工情绪大；

组装车间的计划频繁被修改，车间经理累得都不想干了；

……

这些纷至沓来的问题，显然是供应链没有"在晴天修屋顶"的结果。

不确定性时代的一粒灰，落到每个人头上，就是一座山；大环境的一个哈欠，吹到每个人脸上，就是台风。在这样的时代，如果企业不能在晴天修屋顶，在逆境中做规划，那么头顶的窟窿会越变越大。

那些在晴天修屋顶的人，如今在暴风雨前夜看风景

雪崩的时候，没有一片雪花是无辜的。

对企业而言，既能被时代推向巅峰，也随时可能被不确定性拉入深渊。身处世界之中，无人能独善其身。

很显然，华为供应链深谙这一道理，通过提前布局和变革，确保供应链不拖华为后腿，甚至能力挽狂澜。

事实上，华为供应链的提前布局数不胜数。

比如在供应链中嵌入 IT 系统，对产能进行提前预警。当产能出现需求缺口时，华为供应链需要明确产能解决方案，或者提前平滑需求波动（至少需要 1 周以上的提前期）。

在实际业务中，常常是正常的场景占 80%，异常的场景占 20%。异常场景包含一些紧急需求和故障异常。针对这些紧急需求和故障异常，华为布局了产能规划及预警快速响应机制，以保障产能升级。

再比如，华为通过提前布局供应商，以"三化一稳定"为要求，让供应商实现管理 IT 化、生产作业自动化、人员专业化、关键岗位稳定，全面牵引供应商能力提升；华为团结一切可以团结的力量，和世界上最优秀的供应商、客户合作，形成最强大的伙伴关系；华为加强与战略供应商的合作，共同创新、共同进步，实现双赢。

种种提前布局让华为供应链在 2019 年的危机中站稳脚跟，在暴风雨前夜看风景。

风景虽美，但也不宜长时间驻足欣赏。

所有的冬天，都是为了拥抱春天。在这种趋势下，华为供应链更要居安思危，未雨绸缪，通过内部变革、提前布局，在晴天修屋顶，方能确保在未来有质量地活下去。

对标业界标杆：供应链要学习一切优秀事物，实现自我迭代

作为一家没有先天优势的创业公司，华为在过去30多年里，通过不断学习，适应了新形势，甚至掌握了不同标杆企业长青的核心秘密。

从1987年到1997年，华为在这10年里的学习探索还较为"混乱"。那时，华为只能被动地响应问题，出现什么问题了，就赶紧去学相应的知识，可谓"见招拆招，见洞补洞"。

到了1998年，这种状态有明显改善。华为逐渐从被动学习转变为主动学习。1998—2008年，华为跟着以IBM为代表的一些西方咨询顾问公司，一招一式地学习如何构建良好的供应链管理体系。

任正非说："十几年前我们认为华为应该可以成为大公司，所以请了IBM、埃森哲……几十个顾问公司来给我们做顾问。顾问费每小时是680美元，那时我们员工的工资每月只有5000多元，相当于顾问一个小时的工资。但是为了明天，我们必须把财务做得很好，而且超越顾问的指引，管理水平、标准更高。现在华为的财务质量水平应该比很多西方公司高得多。"

节约是节约不出一个华为的。抓住了战略机会，花多少钱都是胜利；抓不住战略机会，不花钱也会灭亡。为了抓住战略机会，华为决定请最好的老师。在这种氛围的影响下，华为供应链学习一切优秀事物，实现了自我迭代。

借力To B，勾画终端蓝图

如果在10年前提起"华为"二字，不少人的第一反应可能还是通信设备的供

应商。可以说，早期的华为在传统运营商市场做得十分成功。

To B 面向运营商业务的泛网络供应链管理系统，是从原来华为技术有限公司的供应链管理部门演变而来的。经过多年发展，To B 领域的供应链管理系统已更名为"首席供应官"。

首席供应官下设多个部门，包括采购认证部、制造部以及供应链管理部。供应链管理部又包括集成计划部、生产计划与采购履行部、物流部，还有全球各地区的供应中心等服务部门。从组织架构来看，相比处于边缘地位的终端部门，彼时 To B 领域的供应链管理已相当成熟。

面对经验丰富的"学长"，CBG 供应链这位"学弟"将 To B 领域的供应链管理作为内部学习标杆。终端部门不仅学习 To B 领域供应链的打法，甚至直接调来 To B 领域的专业人员，支持终端新业务的发展。

这一学，就学了 5 年之久。

在传统运营商市场，华为给人的印象大致可以归纳为两个关键词——可靠与低调。在 To B 市场，这样的品质有助于业务的拓展，帮助华为将自己的通信设备卖到了全球上百个国家（地区）。

然而，当一个品牌需要直接面向终端消费者时，"低调"就慢慢变成了一个障碍。如何从一个 To B 品牌转变为让客户接受的 To C 品牌，成为 CBG 供应链面临的巨大挑战。

基于原来学习的 To B 领域的经验，终端部门经过几年摸索，在品牌塑造上有了自己的方向，也有了自己的专属粉丝群体——"花粉"。通过一次次手机的发布，CBG 供应链终于找到了适合自己的供应链管理方法，实现了转型与崛起。

由此可见，CBG 供应链是借助 To B 领域的供应链管理经验才勾画出了如今的宏伟蓝图。

以世界上最好的企业为标杆

华为在学习这件事上非常清醒，始终贯彻靶向思维。具体而言，就是先瞄准，再开枪。一切学习都以解决问题为靶心，以改变现状为驱动力。

在对标业界标杆时，华为坚持"以世界上最好的企业为标杆"为原则，通过学习业界最佳实践，缩短与世界上最好的企业的差距。

作为一家胸怀大志的企业，华为在 1998 年颁布华为基本法时，就在第一条中明确罗列出了自己的梦想——"华为的追求是在电子信息领域实现顾客的梦想，并依靠点点滴滴、锲而不舍的艰苦追求成为世界级领先企业。"

正是因为有这种高追求，华为在选择供应链管理对标企业、解决对应问题时，必然是找各行业内最好的老师，如表 15-1 所示。

表 15-1　华为供应链学习的业界标杆（部分）

领域	制造	智能	手机	安全	运营商业务
对标企业	丰田	博世、西门子	苹果、三星	杜邦	爱立信

无论是哪方面的学习，华为始终坚持目标导向，必须"以我为主"，看到自己的短板和别人的优点，明确自身想要获得的知识。学习别人，并不是为了成为别人，而是为了超越自我，实现整体提升，成为更好的自己。

在制造领域，华为对标丰田。2000 年前后，华为尚未发展壮大，然而制造部却已走在前面，做了一件先知先觉的事情——正式引入丰田精益生产，开始常年邀请退休的丰田专家作为顾问。这一对标学习为华为制造带来了精益生产，改变了华为产能无法满足市场需求、不能按时按量交货、人员效率低下、生产成本太高、每日忙于"救火"的状况。

在智能领域，华为对标博世、西门子。比如华为在 2019 年的上海车展上，定位为智能汽车的 Tier 1（车厂一级供应商）厂商，剑指 500 亿美元对标博世。这一对标让华为突破了国内 Tier 1 被国际巨头垄断的局面，也让华为抓住了智能汽车产业链这一蓝海的红利期。

在手机领域，华为对标苹果、三星。比如华为发现苹果敢于提前铺货，上机前整机囤货动辄一两百万台。相比之下，华为一直面临上市即缺货的窘境，等到产量起来之后，市场热度已经过了；有时在某一两款机型上市前敢于备货，却又因为市场预测没有做好，不小心造成了库存积压。通过对标意识到这一问题的华为联合研发部门和市场部门，将历史发货机型进行全方位复盘，识别关键规律，从而提升华为供应链快速爬坡的能力。

在安全领域，华为对标杜邦的十大安全理念和 22 个安全要素，建立了一系列具体的安全管理机制。比如将安全管理嵌入生产的流程，在 SOP 上直接体现安全控制要素，做到从流程上发现安全问题、识别安全问题和改善安全问题，在源头控制安全问题。

作为"后辈"，华为在运营商业务这一领域，曾长期将"前辈"爱立信视为学习的榜样。比如在订单管理上，华为通过不断学习爱立信的相关经验，围绕"五个一"目标，加速提升了从签订高质量合同、快速准确交付到加速回款的端到端项目经营能力。

对于引进以上做法，华为认为，适应华为供应链的，能够帮助华为供应链解决问题的，才是华为供应链最需要的。

将全世界最好的企业作为标杆后来演变成华为人的思维惯性。在进行供应链的变革时，华为并不是一上来就埋头苦干，而是先看看全球那些最牛的"玩家"是怎么达到巅峰的，通过分析差距，得出改进方法。

树立了远大志向的华为，后来是如何取得"真经"的？

据不完全统计，从 1998 年拜师学艺起，华为累计支付给全球咨询企业的服务费超过 400 亿元。不少人调侃，华为的"管理大厦"是用金子贴出来的。

钱都已经花了，硬着头皮也得把骨头啃下来。

举例而言，在邀请 IBM 企业顾问进驻华为做供应链管理变革时，当时输出的报告文本全是英文，这对于早期英文水平不高的华为员工而言，毫无疑问是一块难啃的硬骨头。

白天，员工与顾问并肩工作，晚上，还要将顾问输出的所有英文文本翻译成中文，然后对着译本认真分析每一句话，分析目前存在的问题与原因，如果有不懂的地方，需要连夜整理疑问点，第二天一早便请教顾问。

连续好几个月，项目组几乎每天都工作到晚上 12 点，周末连轴转，毫无喘息时间。

为什么华为员工在学习上对自己这么狠?

这是因为任正非曾要求内部员工学习别人的东西要采用"先僵化、后优化、再固化"的方式,尽可能如实地在华为内部"复制"业界最佳实践。

比如为尽量贴合 IBM 的实践模式,华为将"OA 门户"改名为"W3",不少新加入华为的员工对此感到疑惑。原来,这是因为 IBM 内部的 OA 门户叫 W3,为顺应 IBM 顾问的语言习惯,就改变了华为内部原有的叫法。

渐渐地,华为内部的术语缩写越来越多。华为内部论坛"心声社区"曾有人专门整理了一份术语表,并说如果按照一个术语排列一行的规则,那么用 A4 纸将其打印出来将有上百页,这不禁让人感叹任正非"先僵化、后优化、再固化"的决心。

华为曾明确表态,在对标学习的过程中,要想优化全套方案,学习 3 年后再谈,3 ~ 5 年内以理解为主,而不是以创新为主。

一丝不苟地学习,心无旁骛地改进。供应链的对标学习内容最终内化成了自己的东西。比如从杜邦学习的十大安全理念和 22 个安全要素,最后内化成了质量管理 31 要素。正是有了质量管理 31 要素这样的先进武器,华为的产品质量才能得到保证,华为手机才能成为业界质量标杆。

迈向新时代:数字化是供应链的必然选择

在 2022 年"前行不辍,未来可期"的新年致辞中,华为轮值董事长郭平高频提到"数字化"一词:

"展望未来,数字经济已成为全球经济增长的主引擎。"

"我们支持行业数字化转型,促进中小企业发展,使数字技术造福更多人,让煤矿工人无安全之忧,让码头工人有更好的工作环境,让钢铁工人'穿着西服'就可以炼钢。"

"通过未来种子、科技女性等行动,帮助当地培养数字化人才。"

······

数字化已然成为华为迈向新时代的必然选择。对于供应链而言，要想实现跨越式发展，数字化是必然选择。

数字化转型正当时

我们正处于"爆炸式创新的前夜"，数字技术层出不穷，给我们的生活带来了无限可能。不少企业通过数字化转型不仅实现了自身的快速发展，还带动了产业的价值转移，甚至重塑了全球的商业模式。近些年全球市值排名靠前的企业中，苹果、腾讯、亚马逊等数字原生企业取代了往年的壳牌、埃克森美孚等传统企业。

可以说，随着数字经济的蓬勃发展，以及近些年全球发生的一些黑天鹅事件，数字化转型已然成为不确定性时代中唯一的确定性，企业也都意识到数字化转型从未如此现实与迫切。

首先，危机的突发已持续接近3年，这进一步加快了产品和服务的数字化进程。根据麦肯锡的研究，全球数字化进程整体提前7年，同时数字化被更多企业接纳，大大提升了工作效率。

其次，日趋复杂的全球营商环境倒逼供应链变得更具柔性、更具韧性，而数字技术恰好是供应链实现柔性和韧性的必备要素。加上实现绿色发展的全球目标，数字技术显然成了各行业节能减排的关键因素。

很显然，要想在不确定性时代突出重围、应对危机，踏上数字化转型之路是企业的必然选择。

华为供应链数字化转型历程

在2016年前，华为就已建立了IT系统，有了初步的信息化发展。

华为师从IBM进行变革后，在销售收入猛涨的同时也迎来了不少管理问题，比如生产销售脱节、前后端沟通不畅、产品无法及时送到客户手中等。为解决这些问题，华为制定了第一个IT战略5年规划。

后来，随着全球市场的开拓，华为市场重心开始向国外转移，IT系统支撑华为走向亚非拉市场，华为也开启了国外 IT 节点的布局。

到了 2006 年，华为销售收入达到了 100 亿美元，国外销售收入占总销售收入的比重越来越大。华为便开始了 ERP 的建设，推进整个财务体系变革。

然而，在这一年，华为的业务形态发生了巨大的变化，从运营商业务走向了企业业务，这对华为已有的 IT 系统的冲击很大。于是，在 2016 年，华为提出改变作战模式，将一切业务与数据数字化，通过数字化驱动整个公司的运营。

让数字化在华为供应链从"生根发芽"到"枝繁叶茂"，华为克服了不少困难。

如何实现对供应商、客户、消费者、员工等数字用户的需求的及时响应？

华为业务延伸至全球 190 多个国家（地区），如何调动全球十几万员工协同作战？

华为应用系统复杂，包含 1000 多个应用及全球多个数据中心，如何对其进行整合？

……

面对以上挑战，华为制定了"自己的降落伞自己先跳"的目标，通过摸索、积累战略框架和战术工具集，总结业务可持续创新发展的最佳实践，帮助华为供应链成功实现了数字化转型。

自华为供应链启动 ISC+ 变革起，其数字化转型主要经历了两个阶段。一个是数字化阶段，这个阶段主要是构建数字化能力基础，包括构建流程 /IT 服务和数据底座。另一个是数智化阶段，这个阶段主要是在数字化的基础上，通过场景建设和算法让供应链业务变得更加智能。

首先是数字化。华为很早就充分意识到数据在生产过程中的重要价值，并从对象（如合同、产品）、过程（如业务流程、作业过程、货物运输过程）、规则（如存货成本核算规则、订单拆分规则）3 个方面推动业务数字化建设，构建供应链数据底座。

为提升供应链响应速度，华为还变革了传统的 IT 系统，通过对复杂的单体大系统进行服务化改造，让服务化子系统融合业务、应用、数据要素，实现数据、业务与系统功能的衔接。比如，进入智能汽车解决方案领域的华为供应链在现有的 IT 系统下能快速匹配商业模式，搭建业务流程，大幅缩短新业务的上线时间。

其次是数智化。任正非曾在公司愿景和使命研讨会上说道："华为立志用数字世界面向客户，把数字世界带给每个人、每个家庭、每个组织，构建万物互联的世界。"

数字世界是虚拟的、分散的，而智能世界是现实的、凝结的。华为作为这两个世界之间的桥梁，希望将虚拟世界带给每个人、每个家庭和每个组织，从而构建一个更大、更新、更智能的世界。

华为通过统计预测、模拟仿真、组合优化等技术，构建了华为供应链的核心算法模型，之后又将这种模型应用到供应履行、供应网络、资源准备和智能运营四大核心场景，大大提升了供应链运作的智能化水平。

举例而言，在亿万级的数据规模面前，华为基于多种求解方法的组合，构建了从器件、单板到产品、订单两大部分之间的双向模拟引擎。该引擎能在错综复杂的供应链中迅速找到资源准备最优解，在使供应能力最大化的同时实现存货可控。

除此之外，华为供应链构建了两个智能业务体系，一个是"灵鲲"数智云脑，能使供应链运营智能化；另一个是"灵峰"智能引擎，能使供应节点内高效作业、节点间无缝衔接。

通过以上数字化变革，华为供应链基本完成了供应链数字孪生的构建。首先，华为供应链通过流程 /IT 服务化和业务数字化，实现"物理—数字"的镜像。其次，华为供应链通过算法与场景，提取数据信息，形成智能业务指令，指导现场作业。最后，华为供应链基于智能业务指令对业务现场高效作业的驱动，实现业务闭环。

从数字化到数智化再到数治化

实现数字化和数智化后，华为供应链的服务水平大幅提升，交付周期、供应链成本等均有改善。

在保持原有人员基本不变的情况下，华为供应链再次支撑华为政企、云、智能汽车解决方案等新业务的快速发展，实现了从被动响应到主动服务、从保障要素到价值创造要素的转变。可以说，数字化已然成为华为供应链的核心竞争力。

　　然而，华为供应链的数字化转型不应止步于数字化、数智化，而应面向未来，持续发展。

　　华为供应链思考如何用数字技术重构供应链业务模式，包括重构组织模式、运作模式和管理模式，继续深化与合作伙伴的协同治理，即数治化，进而实现华为供应链生态的可持续发展。

　　企业的数字化发展注定是一个长期过程，不可能一蹴而就。华为如今在数字化转型上取得进步，是因为源源不断的创新。未来，要想数字化实现更宏伟的目标，还要靠源源不断的变革与创新。

　　在数字化变革道路上，华为供应链永不止步。